英语教学与
跨文化沟通能力的培养

朱 炫 ◎ 著

吉林出版集团股份有限公司

图书在版编目（CIP）数据

英语教学与跨文化沟通能力的培养 / 朱炫著.
长春：吉林出版集团股份有限公司，2024. 8. -- ISBN 978-7-5731-5858-1

Ⅰ．H319.3

中国国家版本馆CIP数据核字第2024WQ8322号

英语教学与跨文化沟通能力的培养

YINGYU JIAOXUE YU KUAWENHUA GOUTONG NENGLI DE PEIYANG

著　　者	朱　炫
责任编辑	张继玲
封面设计	林　吉
开　　本	787mm×1092mm　　1/16
字　　数	186 千字
印　　张	13
版　　次	2024 年 8 月第 1 版
印　　次	2024 年 8 月第 1 次印刷
出版发行	吉林出版集团股份有限公司
电　　话	总编办：010-63109269
	发行部：010-63109269
印　　刷	廊坊市广阳区九州印刷厂

ISBN 978-7-5731-5858-1　　　　　　　　　　定价：78.00 元。

版权所有　侵权必究

前　言

在当今这个日新月异的全球化时代，信息的无界流通与文化的深度交融已成为不可逆转的趋势。随着科技的飞速发展和国际交流的日益频繁，语言作为沟通的桥梁，其重要性不言而喻，而英语作为国际交流的通用语言，不仅承载着信息传递的功能，更是文化融合的关键媒介。然而，单纯的语言掌握已难以满足全球化背景下对人才的需求，跨文化沟通能力的培养成为了教育领域亟待解决的重要课题。

在此背景下，《英语教学与跨文化沟通能力的培养》应运而生。我们深知，在全球化的大潮中，每一位学习者都渴望能流利地使用英语进行日常交流，能在不同文化背景下游刃有余地沟通与合作。因此，本书致力于探索如何通过创新的英语教学理念与方法，将语言教学与跨文化教育紧密结合，帮助学生构建起跨越文化障碍的沟通能力。

本书在撰写过程中，力求做到理论与实践相结合，既深入剖析了跨文化沟通的理论基础，又通过丰富的模拟演练，为读者提供了切实可行的操作指南。我们希望通过本书，能够激发读者对跨文化沟通的兴趣，引导他们深入思考文化差异对沟通的影响，并在实践中不断提升自己的跨文化沟通能力。

在此，特别感谢那些在跨文化沟通领域做出杰出贡献的学者与专家，他们的研究成果为本书提供了宝贵的理论支撑与灵感来源。同时，也要感谢我的同事们和学生们，是他们的支持与反馈，让本书得以不断完善与丰富。当然，由于个人学识有限，书中难免存在不足之处，恳请广大读者批评指正，共同推动跨文化沟通教育事业的发展。

最后，希望本书能成为每一位读者在跨文化沟通之旅中的一盏明灯，照亮前行的道路，助力大家在全球化的大舞台上绽放光彩。

朱　炫

2024 年 3 月

目 录

第一章 英语语言学习与文化认知基础 …… 1
第一节 英语文化意识的觉醒 …… 1
第二节 英语与文化的深度交织 …… 11
第三节 培养英语文化敏感性 …… 19
第四节 跨文化英语学习心态构建 …… 26

第二章 跨文化英语沟通原理初探 …… 36
第一节 沟通模型与跨文化英语沟通 …… 36
第二节 文化差异对英语沟通的影响 …… 45
第三节 跨文化英语沟通中的障碍与应对策略 …… 52

第三章 跨文化英语听力与理解技巧 …… 62
第一节 跨文化英语听力障碍的深度剖析 …… 62
第二节 听力策略与技巧的精进之路 …… 70
第三节 文化背景知识：英语听力理解的基石 …… 83

第四章 跨文化英语口语表达策略 …… 95
第一节 英语口语表达的文化适应性 …… 95
第二节 提升英语口语流利度与准确性 …… 105
第三节 增强英语口语的交际效果 …… 117

第五章　英语跨文化阅读与写作深度剖析 ……………………… 131

　　第一节　英语跨文化阅读策略……………………………… 131

　　第二节　英语文本中的文化信息挖掘……………………… 144

　　第三节　英语跨文化写作的核心要素……………………… 155

第六章　英语跨文化商务沟通实务 …………………………… 164

　　第一节　英语商务沟通中的文化差异……………………… 164

　　第二节　英语商务谈判技巧与策略………………………… 176

　　第三节　跨文化英语团队建设与管理……………………… 189

参考文献 ………………………………………………………… 201

第一章 英语语言学习与文化认知基础

第一节 英语文化意识的觉醒

一、英语文化意识在语言学习中的重要性

英语文化意识在语言学习中起着至关重要的作用，它贯穿于整个英语学习的过程。文化意识的培养有助于学习者深入理解语言背后的内涵和意义，从而提高语言运用的准确性和恰当性。

（一）语言与文化的不可分割性

语言是文化的重要组成部分，它承载着一个民族的历史、价值观、社会习俗等文化信息。学习一门语言，就必须了解其背后的文化。英语中的词汇、语法、表达方式等都受到英语国家文化的深刻影响。例如，一些词汇的含义在不同文化背景下可能存在差异，像"dog"这个词，在汉语中可能带有一些贬义，而在英语文化中，"dog"常常被视为忠诚的伙伴，有"Love me, love my dog"这样的表达。如果没有文化意识，学习者可能会在理解和运用这些词汇时出现偏差。

解决方法：教师在教学过程中，应该将语言知识和文化知识有机结合起来。在讲解词汇、语法等内容时，适时引入相关的文化背景知识，让学生明白语言与文化之间的紧密联系。学生自身也应该主动去了解英语国家的文化，

通过阅读相关书籍、观看影视作品等方式，拓宽自己的文化视野。

（二）避免文化误解

不同的文化有着不同的交际规则和习惯。如果缺乏英语文化意识，在跨文化交流中很容易产生误解。比如，在英语国家，人们非常重视个人隐私，询问他人的年龄、收入等是不礼貌的行为，而在其他文化中，这些问题可能比较常见。再如，英语中的一些委婉表达，如果不了解其文化背景，可能会造成误解。例如，"I'm afraid I can't come." 这句话表面上是"我恐怕不能来"，但实际上可能是一种委婉的拒绝。

解决方法：学习者需要深入了解英语国家的社交礼仪、交际习惯等方面的文化知识。在交流中，要尊重对方的文化差异，注意自己的言辞和行为。同时，要培养自己的跨文化交际能力，学会从对方的文化角度去理解和回应。教师可以通过模拟跨文化交际场景，让学生在实践中体会和掌握不同文化之间的差异和应对方法。

（三）提升语言运用的准确性

英语文化意识能够帮助学习者选择合适的词汇、语法结构和表达方式，从而提高语言运用的准确性。例如，在英语教学中，在不同的场合会使用不同的词汇和语气。在正式场合，会使用较为正式、规范的语言；而在日常交流或非正式场合，语言则会更加随意、亲切。如果不了解这些文化差异，可能会出现用词不当或语气不合适的情况。

解决方法：学习者应该注重积累不同场合下的语言表达方式，了解适用的文化背景和规则。教师可以通过分析真实的语言材料，如对话、文章等，引导学生体会不同场合下语言运用的特点。同时，鼓励学生多进行语言实践，在实践中不断提高自己的语言运用能力。

（四）增强学习兴趣和动力

了解英语文化可以为语言学习增添乐趣和动力。英语国家丰富多样的文化，如文学、艺术、音乐、电影等，都可以成为激发学习者兴趣的因素。当学习者对英语文化产生兴趣时，会更主动地去学习英语，从而提高学习效率。例如，学生因为喜欢英语电影而对英语学习产生浓厚的兴趣，会更积极地学习英语，提高自己的语言水平。

解决方法：教师可以在教学中融入英语文化元素，如通过介绍英语国家的文学作品、音乐、电影等，激发学生的学习兴趣。学校也可以组织英语文化活动，如英语戏剧表演、英语歌曲比赛等，让学生在轻松愉快的氛围中感受英语文化的魅力，增强学习动力。

总之，英语文化意识在英语学习中具有不可替代的重要性。学习者和教师都应该充分认识到这一点，通过多种途径和方法不断培养和提高英语文化意识，以促进英语学习的有效进行。

二、跨文化沟通中的文化盲点及认知偏差

（一）价值观差异导致的盲点与偏差

不同文化背景下的人们往往具有不同的价值观，这是产生文化盲点和认知偏差的重要原因之一。价值观是一个社会或群体中人们所共同认可和遵循的观念体系，它深刻地影响着人们的思维方式和行为模式。在跨文化沟通中，价值观的差异可能会导致双方对同一事物或行为有不同的理解和评价。例如，在一些西方文化中，个人主义价值观较为突出，强调个人的自由、独立和自我实现；而在一些东方文化中，集体主义价值观更为盛行，注重集体的利益和团队的和谐。这种价值观的差异可能会在沟通中引发误解。当一方以个人主义的视角去表达观点时，另一方可能会觉得其过于以自我为中心；而当一方以集体主义的思维方式去行事时，另一方可能会认为其缺乏自主性。

解决方法：要解决因价值观差异导致的文化盲点和认知偏差，首先需要

加强对不同文化价值观的学习和了解。可以通过阅读相关书籍、研究不同文化的哲学思想等方式，深入探究各种文化价值观的内涵和形成原因。其次，在跨文化沟通中，要保持开放和包容的心态，尊重对方的价值观，避免以自己的价值观去片面地评判他人。同时，要学会换位思考，尝试从对方的文化背景和价值观出发去理解其观点和行为，以减少误解和冲突。

（二）语言习惯差异引发的盲点与偏差

语言是跨文化沟通的重要工具，但不同文化背景下的语言习惯存在着很大的差异，这也容易导致文化盲点和认知偏差。语言习惯包括词汇的含义、语法结构、表达方式、语气语调等方面。例如，英语中有很多词汇在不同的语境下具有不同的含义，而且英语的语法结构和表达方式与汉语也有很大的不同。如果在跨文化沟通中只按照自己的语言习惯去理解和表达，就很容易出现误解。另外，语气、语调在不同文化中也可能传达不同的信息。在一些文化中，大声说话可能表示热情和友好；而在另一些文化中，大声说话可能被视为粗鲁和不礼貌。

解决方法：为了克服语言习惯差异带来的问题，一方面要努力提高自己的语言能力，包括词汇量、语法知识、听说读写技能等。可以通过系统的语言学习、参加语言培训课程、与母语为该语言的人交流等方式来提升。另一方面，要注重了解不同文化中的语言习惯和交际规则。在沟通中，要注意观察对方的语言表达方式和语气语调，避免因语言习惯的差异而产生误解。同时，要尽量使用简洁明了、符合对方文化习惯的语言进行交流，以达到良好的沟通效果。

（三）非言语交际差异导致的盲点与偏差

非言语交际在跨文化沟通中也起着重要的作用，但不同文化之间的非言语交际方式存在着显著的差异，这也是产生文化盲点和认知偏差的一个重要因素。非言语交际包括肢体语言、面部表情、眼神交流、空间距离等方面。

例如，在一些文化中，点头表示同意，摇头表示不同意；而在另一些文化中，情况可能正好相反。肢体语言的含义在不同文化中也可能不同，比如，同样是一个手势，在一种文化中可能是友好的表示，而在另一种文化中可能是冒犯性的动作。空间距离的观念也因文化而异，有些文化中人们习惯保持较近的空间距离，而有些文化中人们则更倾向于保持较远的空间距离。

解决方法：解决非言语交际差异带来的问题，需要加强对不同文化中非言语交际方式的学习和研究。可以通过观察不同文化背景的人的非言语行为、阅读相关的文化研究资料等方式来了解。在跨文化沟通中，要注意观察对方的非言语行为，并且要意识到自己的非言语行为可能对对方产生的影响。同时，要尊重对方的非言语交际习惯，避免因非言语行为的不当而引起误解。如果对对方的非言语行为存在疑问，可以通过友好的询问和沟通来澄清，以确保沟通的顺利进行。

（四）思维方式差异引发的盲点与偏差

不同文化背景下的人们往往具有不同的思维方式，这也会在跨文化沟通中造成文化盲点和认知偏差。思维方式影响着人们对信息的处理、问题的分析和决策的制定。例如，一些文化倾向于线性思维，注重逻辑和顺序，先分析问题的各个方面，然后得出结论；而另一些文化则更倾向于整体思维，注重事物之间的联系和整体的把握，先从整体上对问题有一个直观的认识，然后再深入分析。这种思维方式的差异可能会导致双方在沟通中对同一问题的理解和处理方式不同。

解决方法：要应对思维方式差异带来的挑战，首先要认识到不同文化思维方式的特点。可以通过学习不同文化的哲学、历史、文学等方面的知识，了解其思维方式的形成和发展。其次，在跨文化沟通中，要学会调整自己的思维方式，尝试理解对方的思维方式。当遇到分歧时，不要急于否定对方的观点，而是要耐心地倾听和理解，通过沟通和交流来寻找双方都能接受的解决方案。同时，要培养自己的多元思维能力，能够在不同的思维方式之间灵活切换，以更好地适应跨文化沟通的需要。

三、自我反思：提升英语文化意识的关键步骤

（一）审视自身语言学习观念

在提升英语文化意识的过程中，首先需要对自身现有的语言学习观念进行深入的审视。许多学习者往往将英语学习单纯地局限于词汇、语法和发音等语言知识层面，忽视了文化在语言学习中的关键作用。这种片面的学习观念形成的原因可能是长期以来受到传统教育模式的影响，过于注重语言技能和考试成绩。然而，语言是文化的载体，脱离了文化背景的语言学习就如同无源之水、无本之木。只有深刻认识到文化与语言的紧密联系，才能真正理解和运用英语。

解决方法：学习者要转变自身的语言学习观念，明确文化在英语学习中的重要地位。可以通过阅读语言学和文化学方面的书籍、文章，参加相关学术讲座等方式，深入了解语言与文化之间相互依存的关系。在日常学习中，要时刻提醒自己将文化学习融入语言学习的各个环节，不能把语言和文化割裂开来。例如，在记忆单词时，不仅要掌握其拼写和基本含义，还要了解其背后蕴含的文化信息，如该单词在特定文化语境中的引申义、文化象征意义等。

（二）评估自身文化知识储备

对自身英语文化知识储备的准确评估是提升英语文化意识的重要一步。很多学习者可能对英语国家的文化仅有一些模糊的、碎片化的认知，缺乏系统性和全面性的了解。这可能是因为在学习过程中缺乏对文化知识的主动积累和整理，或者获取文化知识的渠道比较单一。文化知识涵盖了一个国家的历史、地理、社会制度、风俗习惯、宗教信仰、价值观念等诸多方面。如果对这些方面的知识储备不足，在跨文化交流和语言运用中就容易出现误解和偏差。

解决方法：为了更全面地评估自身文化知识储备，可以制定一个详细的文化知识清单，对相应国家文化的各个方面进行分类梳理，然后，对照清单逐一分析自己对每个方面的了解程度，找出知识的薄弱环节。针对这些薄弱环节，制定具体的学习计划。拓宽文化知识获取渠道是关键，比如可以阅读英语国家的经典文学作品，从中感受其文化底蕴和社会风貌；观看英语电影、纪录片，直观地了解英语国家的生活方式和文化习俗；关注英语国家的新闻媒体、社交媒体，及时了解其社会动态和文化热点。同时，还可以参加英语文化主题的讨论活动、学术研讨会等，与他人交流分享文化知识，加深对文化的理解。

（三）反思语言运用中的文化偏差

在实际的语言运用过程中，反思自己存在的文化偏差是提升英语文化意识的关键环节。学习者在使用英语进行交流时，可能会不自觉地受到母语文化的影响，出现一些不符合英语文化习惯的表达或行为。例如，在表达感谢时，汉语中可能会比较含蓄、委婉，而英语文化中通常会更加直接、明确。如果按照汉语的习惯来表达感谢，可能会让英语母语者感到困惑。这种文化偏差的产生，一方面是因为学习者对英语文化中的交际规范和语言习惯了解不够深入，另一方面是由于缺乏在真实语境中的实践和反思。

解决方法：在日常的语言运用中，要时刻注意观察自己的表达和行为是否符合英语文化的规范。每次交流后，可以进行自我反思，分析自己在交流过程中是否存在文化偏差，以及产生偏差的原因。可以通过与英语母语者交流、请教英语教师或语言专家等方式，获取关于自己语言运用中文化偏差的反馈和建议。同时，要加强在真实语境中的语言实践，如参加英语角、国际交流活动等，在实践中不断纠正自己的文化偏差，提高语言运用的文化适应性。

（四）培养文化敏感性和包容性

培养文化敏感度和包容性是提升英语文化意识不可或缺的步骤。文化敏感度是指对不同文化之间差异的敏锐感知和理解能力，而文化包容性则是指能够尊重和接纳不同文化的态度和胸怀。缺乏文化敏感度和包容性可能会导致学习者在面对文化差异时产生抵触、排斥或误解的情绪，阻碍跨文化交流和文化意识的提升。其原因可能是学习者长期处于单一文化环境中，习惯了以自己的文化视角去看待事物，对其他文化缺乏了解和认同。

  解决方法：要培养文化敏感度和包容性，首先要树立正确的文化观，认识到文化的多样性和平等性，摒弃文化优越感和偏见。可以通过学习跨文化交际理论和文化人类学等知识，了解不同文化之间的差异和共性。在日常生活中，要主动接触和了解不同的文化，尊重不同文化的独特性和价值。当面对文化差异时，不要急于评判或否定，而是要以开放、包容的心态去理解和接纳。同时，要学会从对方的文化视角去思考问题，增进彼此之间的理解和信任。在英语学习中，要注重培养跨文化交际能力，学会在不同文化背景的人群中进行有效的沟通和合作。

四、持续培养英语文化意识的路径与方法

（一）深化课堂文化教育

  课堂是培养英语文化意识的重要场所，其具有系统性、计划性和指导性的特点。在传统英语教学中，课堂教学往往过于注重语言知识的传授，如词汇、语法等，而忽视了文化意识的培养。这是因为教师可能受到教学大纲和考试制度的影响，将教学重点放在了语言技能的提升上，从而在一定程度上忽略了文化的重要性。然而，语言和文化是相互依存的，缺乏文化背景知识的语言学习是不完整的。

  解决方法：教师应转变教学观念，将文化教育融入日常教学中。在词汇教学方面，不仅要讲解单词的基本含义和用法，还应深入挖掘词汇背后的文化内涵。比如"dragon"这个单词，在中文里龙是吉祥、权威的象征，但在西方文化中，龙通常被视为邪恶的象征。在讲解课文时，教师可以对文章所

涉及的文化背景进行详细解读，包括历史、社会、价值观等方面。例如，在讲解关于西方节日的课文时，教师可以全面介绍节日的起源、庆祝方式、文化意义等，让学生对西方节日文化有更深入的理解。此外，还可以利用多媒体资源，如图片、视频等，向学生直观地展示英语国家的文化风貌，增强学生的文化感知。

（二）拓展课外阅读领域

课外阅读是提升英语文化意识的有效途径，它能够突破课堂教学的局限，为学生提供更广泛的文化知识。然而，很多学生在课外阅读方面存在不足，一方面是因为缺乏正确的引导，不知道如何选择合适的阅读材料。另一方面是由于自身的阅读习惯尚未养成，缺乏阅读的主动性和自觉性。此外，一些学生可能受到语言水平的限制，在阅读过程中遇到困难，从而影响了阅读的积极性。

解决方法：教师可以为学生推荐一些适合其水平的英语课外读物，如英语经典文学作品、英语报纸杂志等。这些读物涵盖了丰富的文化信息，能够帮助学生了解英语国家的文化、社会和生活。同时，教师可以指导学生制订阅读计划，培养良好的阅读习惯。例如，每周规定一定的阅读时间和阅读量，定期组织阅读分享会，让学生交流阅读心得和体会。对于在阅读中遇到的语言困难，教师可以教授一些阅读技巧和方法，如猜词法、略读法等，帮助学生克服障碍。学生自身也应该树立正确的阅读态度，认识到课外阅读对于提升文化意识的重要性，积极主动地投入到阅读中。

（三）加强文化交流活动

文化交流活动能够为学生提供真实的语言环境和文化体验，是培养学生英语文化意识的有效方式。但在实际中，文化交流活动开展不足的原因主要有以下几点：学校和教师对文化交流活动的重视程度不够，缺乏组织和策划；学生自身参与的积极性不高，认为文化交流活动与考试成绩关系不大；活动资源有限，缺乏必要的场地、设备和资金支持。

解决方法：学校和教师应充分认识到文化交流活动的重要性，积极组织各种形式的活动。例如，举办英语文化节，组织英语演讲比赛、英语戏剧表演、英语歌曲演唱等活动，让学生在参与活动的过程中感受英语文化的魅力。还可以邀请外教或英语专家来校举办讲座，介绍英语国家的文化知识和风土人情。针对学生积极性不高的问题，教师可以通过鼓励和引导，让学生明白文化交流活动对于提升语言能力和文化意识的重要性。同时，学校可以积极争取社会资源的支持，与企业、社区等合作，共同开展文化交流活动，为活动的开展提供必要的保障。

（四）利用信息技术资源

信息技术的发展为英语文化意识的培养提供了新的机遇和平台。然而，在实际运用中存在一些问题，比如部分教师和学生对信息技术的运用不够熟练，不知道如何有效地利用网络资源获取文化信息；网络上的信息良莠不齐，学生可能会受到不良信息的影响；信息技术的运用可能会分散学生的注意力，导致学习效果不佳等。

解决方法：教师和学生都需要加强信息技术的培训和学习，掌握利用网络资源的方法和技巧。教师可以引导学生访问一些权威的英语学习网站、在线图书馆等，获取丰富的英语文化知识。同时，学校和家长应加强对学生的网络安全教育，帮助学生辨别和筛选有益的信息，避免受到不良信息的干扰。在利用信息技术进行学习时，教师可以制定明确的学习目标和任务，引导学生有针对性地进行学习，避免学生因注意力分散而影响学习效果。例如，教师可以布置一些在线文化探究任务，让学生通过网络搜索、整理和分析相关文化信息，然后在课堂上进行汇报和交流。

第二节　英语与文化的深度交织

一、英语作为世界文化的桥梁与载体

（一）语言的传播与文化的扩散

英语之所以能够成为世界文化的桥梁与载体，其中一个关键原因在于其广泛的传播。历史上，英国的殖民扩张将英语带到了世界各地。随着时间的推移，美国的崛起以及其在全球经济、科技、文化等领域的强大影响力，进一步推动了英语的传播。英语的传播不仅仅是语言的扩散，更是其所承载的文化的输出。不同地区的人们在学习英语的过程中，不可避免地接触到英语国家的文化，如文学、艺术、价值观等。这种文化的扩散使得世界各地的人们能够了解和认知英语国家的文化特点，为不同文化之间的交流和互动奠定了基础。

解决方法：对于这种语言传播带来的文化扩散，一方面，学习者应该保持开放的心态，积极主动地去接纳和理解英语所承载的文化。在学习英语的过程中，不仅仅关注语言的形式和语法规则，更要深入探究语言背后的文化内涵。教师在教学中也应该有意识地引导学生去认识英语国家的文化，通过文化对比等方式，让学生更好地理解文化差异和共性。另一方面，各国也应该在保持自身文化特色的基础上，合理吸收英语文化中的有益成分，促进本土文化与英语文化的融合与发展。

（二）文化交流的促进作用

英语在促进不同文化之间的交流方面发挥着至关重要的作用。由于英语是一种被广泛使用的国际语言，不同文化背景的人们可以通过英语进行沟通和交流。这种交流不仅仅局限于日常的对话，还涵盖了学术、商业、艺术等

各个领域。在学术领域，世界各地的学者可以用英语分享研究成果，开展国际合作，共同推动知识的进步。在商业领域，跨国企业的员工可以用英语进行商务谈判、合作交流，促进国际贸易的发展。在艺术领域，艺术家们可以通过英语传播自己的作品和理念，让不同文化的艺术成果相互碰撞和融合。

解决方法：为了更好地发挥英语在文化交流中的促进作用，教育机构应该加强英语教学中的跨文化教育。培养学生的跨文化交际能力，让他们学会在不同文化背景下进行有效的沟通和合作。同时，国际组织和各国政府也应该积极推动文化交流活动，为不同文化之间的交流搭建平台。例如，举办国际文化节、学术研讨会、艺术展览等活动，鼓励人们用英语进行交流和分享。此外，人们自身也应该主动参与跨文化交流活动，提高自己的跨文化交际意识和能力。

（三）文化融合的推动力量

英语作为世界文化的桥梁与载体，还推动了不同文化之间的融合。在全球化的背景下，不同文化之间的接触日益频繁，英语成为不同文化相互融合的重要工具。通过学习英语，不同文化的元素相互借鉴、相互吸收，形成了新的文化形态。例如，在音乐领域，不同国家和地区的音乐风格相互影响，产生了融合多种文化元素的新音乐类型。在美食领域，各国的美食文化通过相互交流，出现了融合不同文化特色的新美食。

解决方法：对于文化融合的推动，社会各界应该鼓励创新和包容。在文化创作和发展中，鼓励创作者们吸收不同文化的精华，运用英语将融合后的文化成果传播出去。教育领域也应该注重培养学生的文化创新意识，引导学生尊重和欣赏不同文化的融合成果。同时，各国应该加强文化政策的引导，为文化融合创造良好的环境。在文化产业发展中，支持具有跨文化特色的项目和产品，促进文化融合的深入发展。

（四）文化多样性的维护与发展

尽管英语在全球范围内广泛传播，但它并不应该导致文化的单一化。相反，英语可以作为一种工具，帮助维护和发展文化的多样性。不同文化背景的人们可以用英语表达和传播自己的本土文化，让更多的人了解和认识。通过英语，一些小众文化和濒危文化也能够获得更多的关注和保护。同时，英语的传播也促使人们更加重视自身文化的独特性，激发人们对本土文化的保护和传承意识。

解决方法：为了维护和发展文化多样性，国际社会应该倡导多元文化的理念。各国政府应该加大对本土文化的保护和扶持力度，鼓励人们宣传和推广本土文化。教育机构也应该在英语教学中融入本土文化的内容，培养学生对本土文化的自豪感和认同感。此外，人们应该树立正确的文化观，尊重和欣赏不同文化的价值，共同努力推动文化多样性的繁荣发展。

二、文化如何塑造英语的语言特色与表达习惯

（一）价值观主导下的语言表达倾向

在英语文化中，个人主义价值观深深扎根，这在语言表达上体现得尤为明显。"Individualism"（个人主义）一词所代表的理念影响着英语的语言特色。例如，英语中常强调"I"（我）的重要性和独立性，像"I think"（我认为）、"I believe"（我相信）等表达频繁出现，反映出个人观点的优先表达。这种语言特色源于西方文化对个体独立思考和自主表达的重视。在英语国家的文化中，人们鼓励个体展现自我，尊重个人的想法和意见。

解决方法：学习者要理解并适应这种语言表达倾向，在学习过程中，需要有意识地强化对"I"类表达的运用和理解，敢于在交流中明确表达自己的观点。教师在教学中，可以引导学生对比不同文化中关于自我表达的差异，让学生明白在英语语境下大胆表达个人观点的重要性。同时，在强调个人表达的同时，也要引导学生注意表达的礼貌和恰当性，比如在表达不同意见时，可以使用"However, I have a different opinion"（然而，我有不同的意见）这样较为委婉的方式。

（二）社会礼仪规范下的语言习惯养成

社会礼仪在英语语言表达习惯中起着关键的塑造作用。"politeness"（礼貌）是英语文化中非常重要的元素。例如，在请求别人帮忙时，会使用"Could you please..."（能请你……吗）或者"Would you mind..."（你介意……吗）等较为委婉、礼貌的表达方式。这是因为在英语国家的社会习俗中，礼貌的语言表达被视为尊重他人的表现。这种语言习惯的形成源于长期以来的社会礼仪传承和文化熏陶。

解决方法：对于学习者来说，要融入这种语言习惯，需要在日常交流中刻意练习礼貌表达。比如在询问信息时，用"May I ask..."（我可以问……吗）而不是过于直接的方式。教师在课堂上可以设置各种场景，让学生进行礼貌用语的模拟练习，强化学生对礼貌语言的运用。同时，提醒学生注意不同场合下礼貌程度的差异，比如在正式场合和非正式场合中礼貌用语的调整，像在正式场合可以说"Your Excellency"（阁下）等更为庄重的称呼，而在非正式场合可以使用"buddy"（伙计）等亲切的词语。

（三）历史演变带来的语言特色沉淀

英语的历史发展历程对其语言特色和表达习惯有着深远的影响。"historical evolution"（历史演变）使得英语不断吸收和融合其他语言的元素。例如，由于古英语受到拉丁语、法语等语言的影响，英语中有大量的外来词汇。像"restaurant"（餐馆）来自法语，"algebra"（代数）来自阿拉伯语等。历史上的民族融合、文化交流以及政治变迁等因素共同推动了英语词汇的丰富和语言特色的形成。

解决方法：为了更好地理解和运用这些因历史演变而来的语言特色，学习者需要了解英语的历史发展脉络。可以通过阅读英语语言史的相关书籍或资料来加深对词汇来源和演变的认识。在学习词汇时，关注其词源和历史背景，比如学习"pioneer"（先锋）这个单词时，可以了解到它最初源于法语，在不同历史时期有不同的含义和用法。教师在教学中，可以适时地介绍词汇的历史背景知识，帮助学生建立起词汇与历史的联系，从而更准确地理解和运用词汇，提升语言表达的丰富性和准确性。

（四）宗教信仰影响下的语言表达内涵

宗教信仰在英语语言表达中被赋予独特的内涵。"religious belief"（宗教信仰）对英语词汇和表达有着深刻的塑造作用。例如，"god bless you"（上帝保佑你）、"amen"（阿门）等表达在英语交流中经常出现，这些都与基督教文化密切相关。宗教经典和教义中的故事和理念也渗透到了英语语言中，丰富了语言的表达。宗教信仰在英语国家的文化中占据着重要的地位，长期以来对人们的思维方式和语言习惯产生了深远的影响。

解决方法：学习者要理解这些宗教相关的语言表达，需要对英语国家的主要宗教信仰有一定的了解。可以通过阅读宗教文化方面的书籍或参加相关讲座来获取知识。在交流中，要尊重和理解这些宗教表达的文化内涵。教师在教学中，可以适当介绍一些常见的宗教表达及其背后的文化意义，帮助学生在跨文化交流中避免因宗教文化差异而产生误解。同时，提醒学生在使用这些表达时要注意场合和对象，确保交流的恰当性和有效性。

三、掌握英语中的文化规则与习俗用语

（一）社交场合的特定表达

在不同的社交场合，英语有着特定的表达方式和语言规则。比如在正式的社交活动中，人们会使用较为规范和正式的语言。"formality"（正式性）在这种场合尤为重要。像在商务会议或正式晚宴上，人们会用"Good evening, ladies and gentlemen."（晚上好，女士们先生们）来开场，交流中会使用完整、严谨的句子结构，而在非正式的社交场合，如朋友聚会或家庭聚会中，语言则会更加随意和亲切，可能会使用一些缩略语和俚语。

不同社交场合的氛围和目的不同，语言需要与之相适应。正式场合通常

需要展现专业性和尊重，而非正式场合则更注重轻松和亲近的氛围。

解决方法：学习者要根据不同的社交场合调整自己的语言表达。在正式场合，提前准备好合适的开场白和礼貌用语，注意用词的准确性和恰当性。例如，可以用"I'm honored to be here."（我很荣幸来到这里）来表达自己的态度。在非正式场合，可以适当使用一些轻松幽默的语言和流行的俚语，但要确保对方能够理解。教师可以通过设置不同社交场景的教学活动，让学生在实践中体会和掌握不同场合的语言运用技巧。

（二）文化禁忌与敏感话题的规避

英语文化中存在一些文化禁忌和敏感话题，在交流中需要特别注意避免。例如，询问他人的年龄、收入、婚姻状况等在一些情况下可能被视为不礼貌的行为，尤其是对于不太熟悉的人。这是因为英语文化注重个人隐私和个人空间。

不同文化对于隐私的定义和重视程度不同。在英语国家，人们更倾向于将这些信息视为个人的私密领域，不希望随意被他人询问。

解决方法：学习者要了解这些文化禁忌，在交流中保持敏感和谨慎。可以通过阅读相关文化书籍或与英语母语者交流来获取这方面的信息。在不确定某个话题是否合适时，可以先观察他人的反应或选择更中性、普遍的话题进行交流，比如谈论天气、兴趣爱好等。教师在教学中应该强调这些文化禁忌的重要性，引导学生树立尊重他人隐私的意识，避免因文化差异而造成不必要的误解和冒犯。

（三）节日与传统习俗中的用语

在英语国家的节日和传统习俗中，有许多特定的用语。比如在圣诞节，人们会说"Merry Christmas."（圣诞快乐），在感恩节会说"Happy Thanksgiving."（感恩节快乐）这些节日用语不仅是简单的问候，还承载着特定的文化内涵和情感。

节日和传统习俗是文化的重要组成部分，特定的用语是对这些文化活动的一种体现和传承，能够增强人们对文化的认同感和归属感。

解决方法：学习者可以通过了解英语国家的主要节日和传统习俗，学习相应的用语和表达。在节日期间，可以积极参与相关的庆祝活动或交流，亲身体验和运用这些语言。教师可以在课堂上介绍不同节日的文化背景和相关用语，组织学生进行节日主题的讨论和活动，让学生在轻松愉快的氛围中掌握这些习俗用语，加深对英语文化的理解。

四、促进语言能力与文化能力的协同发展

（一）语言知识积累与文化理解深化的相互促进

语言知识的积累是提升语言能力的基础，而对文化理解的深化则为语言运用提供了更丰富的内涵和背景。词汇方面，英语中有大量的词汇承载着特定的文化信息，比如"cowboy"（牛仔），它不仅仅是一个简单的名词，还反映了美国西部开拓时期的文化和生活方式。语法结构也受到文化因素的影响，例如英语中的被动语态在科技文献等正式文体中使用频繁，这与西方注重客观事实和理性思维的文化特点有关。

解决方法：在语言学习过程中，学习者要将词汇学习与文化知识相结合。对于每个新学的词汇，不仅要掌握其基本含义和用法，还要了解其背后的文化意义。比如学习"holiday"（假日）时，要知道不同英语国家的主要假日及其文化内涵。在语法学习中，要理解语法规则背后的文化逻辑，例如在写作时，根据不同的文体和文化背景恰当地运用语法结构。教师在教学中可以通过词汇拓展、语法分析等方式，引导学生深入挖掘语言中的文化因素，增强学生对语言和文化的关联认识。

（二）听说读写技能提升与跨文化交际意识培养的融合

在听说读写的技能训练中融入跨文化交际意识的培养，能够实现语言能力和文化能力的协同提升。听力方面，理解英语原声材料不仅需要具备听力

技巧，还需要了解英语国家的发音习惯、语速特点以及说话者的文化背景。口语表达中，跨文化交际意识能帮助学习者避免文化误解，选择合适的表达方式和词汇。阅读英语文章时，文化背景知识有助于理解文章的深层含义和作者的意图。写作时，考虑到文化差异，能够使文章更加符合英语国家的表达习惯和文化规范。

解决方法：对于听力训练，学习者可以多听英语广播、电影、电视剧等，逐渐适应不同的口音和语速，同时学习相关的文化背景知识，提高听力理解能力。口语练习中，要注重模仿英语母语者的表达方式和语气，并且了解不同场合下的交际礼仪和文化禁忌。阅读时，通过阅读不同类型的英语材料，如文学作品、新闻报道等，积累文化知识，提升阅读理解能力。写作方面，学习英语国家的写作格式和规范，注意词汇和句式的选择要符合文化习惯。教师可以在教学中设计多样化的听说读写活动，引导学生在实践中提升语言技能和跨文化交际意识。

（三）课堂教学中语言与文化的同步传授

课堂是促进语言能力和文化能力协同发展的重要场所。在课堂教学中，如果只注重语言知识的传授，学生将缺乏对文化的理解，难以在实际交流中准确运用语言。相反，如果只强调文化，而忽视语言技能的训练，学生的语言基础不扎实，也无法有效地进行跨文化交流。因此，需要在课堂教学中实现语言和文化的同步传授。

解决方法：教师在课堂设计上，要将语言教学和文化教学紧密结合。例如在讲解课文时，不仅要分析语言特点和语法结构，还要深入挖掘课文所涉及的文化背景、价值观和社会习俗等。可以通过文化对比、小组讨论等方式，让学生在学习语言的同时加深对文化的理解。在词汇教学中，除了讲解词汇的含义和用法，还可以介绍词汇的文化来源和演变。在口语教学中，创设跨文化交际的情景，让学生在模拟的真实场景中练习语言和文化技能。同时，教师自身要不断提升自己的文化素养，为学生提供准确、丰富的文化知识。

（四）自主学习中语言与文化的共同探索

自主学习是提升语言能力和文化能力的重要途径。在自主学习中，学习者可以根据自己的兴趣和需求，有针对性地进行语言和文化的探索。例如，通过阅读英语文学作品、观看英语电影、收听英语歌曲等方式，接触和了解英语国家的文化，同时提升语言理解和表达能力。

解决方法：学习者要制定合理的自主学习计划，将语言学习和文化学习纳入其中。可以选择一些自己感兴趣的英语材料，如喜欢的小说、电影或音乐，进行深入学习。在阅读文学作品时，可以查阅相关的文化背景资料，分析作品中的文化元素和语言特点。观看电影时，注意观察人物的语言表达、行为举止以及背后的文化内涵。还可以利用网络资源，参加在线英语学习社区或文化交流活动，与其他学习者和英语母语者进行交流和互动，分享学习经验和文化感悟。通过不断地自主探索和实践，逐步提升语言能力和文化能力的协同发展水平。

第三节　培养英语文化敏感性

一、英语文化敏感性的概念界定与价值

（一）文化敏感性对语言理解的深度影响

文化敏感性在英语学习中对语言理解起着至关重要的作用。语言不仅仅是词汇和语法的组合，更是文化的载体。缺乏文化敏感性，就难以真正理解英语语言背后所蕴含的丰富内涵和深意。例如，"break a leg"这个短语，如果仅从字面意思去理解，会觉得是十分奇怪甚至是错误的表达，但实际上在英语文化中，它是一种用于祝福演员演出成功的常用表达。

解决方法：学习者应该有意识地将语言学习与文化学习相结合。在学习

新的词汇和表达时，不仅要掌握其基本的语言知识，还要深入了解其背后的文化因素。可以通过阅读英语国家的文学作品、观看英语电影和纪录片等方式，拓宽自己的文化视野，增强对英语文化的感知。教师在教学中也应该注重文化知识的渗透，引导学生从文化的角度去理解语言，比如在讲解课文时，详细解释其中涉及的文化背景和文化内涵，让学生明白语言与文化之间的紧密联系。

（二）文化敏感性在跨文化交流中的关键地位

在跨文化交流的场景中，文化敏感性更是不可或缺。它能够帮助交流者避免因文化差异而产生的误解和冲突，使交流更加顺畅和有效。例如，在英语国家，人们对于个人空间的需求相对较大，在交谈时通常会保持一定的身体距离。如果不了解这一文化特点，在交流中过于靠近对方，可能会让对方感到不适甚至被视为冒犯。

解决方法：要提高在跨文化交流中的文化敏感性，需要培养跨文化意识和跨文化交际能力。学习者可以通过学习跨文化交际的理论知识，了解不同文化之间的差异和共性，以及在跨文化交流中应遵循的原则和技巧。在实践中不断积累经验，提高自己对不同文化的适应能力。在交流过程中，要保持开放、尊重和包容的态度，学会换位思考，从对方的文化视角去理解其行为和语言，避免以自己的文化标准去评判他人。

（三）文化敏感性对英语语言运用准确性的提升

文化敏感性对于英语语言运用的准确性也有着重要的影响。不同的文化背景会导致语言使用习惯和表达方式的差异。如果没有文化敏感性，在语言运用中可能会出现用词不当、表达不地道等问题。例如，在英语中，"How are you?"通常只是一种礼貌性的问候，并不一定需要详细地回答自己的身体状况或生活情况，而简单地回答"Fine, thank you."或者"Not bad."等就可以了。如果按照汉语的思维习惯进行过于详细的回答，可能会让英语母语者感到困惑。

解决方法：为了提高英语语言运用的准确性，学习者需要深入了解英语国家的语言使用习惯和文化习俗。可以通过模仿英语母语者的语言表达方式，积累地道的英语表达和常用的习语、俚语等。同时，要注意语言使用的场合和对象，根据不同的情境选择合适的语言和表达方式。教师在教学中可以通过对比分析英汉两种语言的差异，帮助学生认识到文化对语言运用的影响，纠正学生在语言运用中的错误和不当之处，培养学生正确、得体地使用英语的能力。

（四）文化敏感性对英语学习兴趣激发的推动作用

文化敏感性还能够激发学习者对英语学习的兴趣。英语国家丰富多彩的文化，如音乐、电影、文学、艺术等，都可以成为吸引学习者的因素。当学习者对英语文化产生兴趣时，会更有动力去学习英语，从而提高学习效果。例如，学习者因为喜欢英语流行音乐而对英语产生浓厚的兴趣，进而更积极地学习英语，提高自己的语言水平。

解决方法：为了激发学生的英语学习兴趣，可以在教学中融入更多的文化元素。教师可以通过介绍英语国家的文化特色、风俗习惯、名人轶事等，让学生感受到英语文化的魅力。同时，组织各种与英语文化相关的活动，如英语文化节、英语歌曲比赛、英语戏剧表演等，让学生在轻松愉快的氛围中接触和了解英语文化，增强学生对英语学习的兴趣和积极性。学习者自身也可以主动去探索和发现英语文化的有趣之处，通过多种渠道获取英语文化信息，如关注英语国家的社交媒体、阅读英语文化类的书籍和杂志等，让英语学习变得更加有趣和富有吸引力。

二、文化敏感性在跨文化英语沟通中的核心作用

（一）促进准确理解与表达

文化敏感性在跨文化英语沟通中首先起着促进准确理解与表达的关键作用。在跨文化情境下，英语语言往往承载着丰富的文化内涵。如果缺乏文化

敏感性，很容易对英语表达产生误解。比如"pull someone's leg"，从字面看可能会理解为"拉某人的腿"，但实际上它的意思是"开某人的玩笑"。

解决方法：提升这种准确理解与表达的能力，需要学习者积极主动地去了解英语国家的文化背景知识。在学习英语词汇和短语时，不仅要掌握其字面意义，更要深入探究其文化引申义。例如，通过阅读英语国家的经典文学作品、观看英语影视作品等方式，接触真实的语言环境和文化情境，从而逐渐培养对文化差异的敏感度。教师在教学过程中也应该注重文化知识的传授，引导学生对比不同文化背景下的语言表达方式和语义差异，帮助学生建立起文化与语言之间的联系。

（二）避免文化误解与冲突

文化敏感性能够有效地避免在跨文化英语沟通中产生文化误解与冲突。不同文化之间存在着价值观、社会习俗、行为规范等方面的差异。如果不具备文化敏感性，可能会因为不恰当的言行而引发不必要的矛盾。比如在一些英语国家，询问他人的工资收入是不礼貌的行为。而在其他一些文化中，这可能是比较常见的交流话题。

解决方法：为了避免这种文化误解与冲突，学习者应该加强对不同文化禁忌和社交礼仪的学习。可以通过参加跨文化交流培训、阅读相关文化书籍等途径，深入了解英语国家的文化规范和行为准则。在实际沟通中，要保持尊重和包容的态度，学会换位思考，站在对方的文化立场上去理解和看待问题。当遇到不确定的文化差异问题时，不要急于做出判断，而是要通过友好的沟通和询问来澄清，以确保交流的和谐与顺畅。

（三）增强沟通效率与效果

文化敏感性对于提高跨文化英语沟通的效率与效果具有重要意义。在跨文化沟通中，具备文化敏感性的人能够更好地适应对方的沟通方式和节奏，使交流更加高效。例如，英语国家的人在交流中往往比较直接，而有些文化背景下的人可能更倾向于含蓄和委婉的表达方式。

解决方法：要增强沟通效率与效果，学习者需要不断调整自己的沟通策略和风格。在与英语国家的人进行交流时，要尽量适应他们的直接表达习惯，同时也要注意自己的语言简洁明了。在日常学习中，可以通过模拟跨文化沟通场景进行练习，提高自己在不同文化情境下的沟通能力。教师在教学中可以组织学生进行小组讨论、角色扮演等活动，让学生在实践中体会不同文化背景下的沟通特点，培养学生灵活应对的能力。

（四）建立良好的人际关系

文化敏感性在跨文化英语沟通中有助于建立良好的人际关系。当人们展现出对对方文化的尊重和理解时，更容易赢得对方的信任和好感。在跨文化交往中，一个具有文化敏感性的人能够更好地与他人建立情感连接，促进彼此之间的交流与合作。

解决方法：为了建立良好的人际关系，学习者要注重培养自己的跨文化交际素养。在与英语国家的人交往时，要表现出对他们文化的兴趣和欣赏，积极参与他们的文化活动，分享自己的文化体验。同时，要学会倾听和理解对方的观点和感受，尊重文化差异。在沟通中，可以运用一些恰当的文化交际技巧，比如适时地赞美对方的文化、分享一些有趣的文化故事等，增进彼此之间的了解和友谊。教师可以通过组织文化交流活动，为学生创造与英语国家人士互动的机会，帮助学生提升跨文化交际能力和建立良好人际关系的能力。

三、提升英语文化敏感性

（一）深入学习英语国家文化知识

文化知识的学习是提升英语文化敏感性的基础。英语国家有着丰富多样的文化，包括历史、地理、社会制度、风俗习惯、宗教信仰、价值观念等方面。如果对这些方面缺乏了解，就很难真正理解英语语言所蕴含的文化内涵。例如，对于"Thanksgiving Day"（感恩节），如果不了解其起源和庆祝方式，就难以体会到这个节日对于美国人的重要意义。

解决方法：学习者应该广泛阅读有关英语国家文化的书籍、文章，观看相关的纪录片、电影等。可以从英语国家的历史开始，了解其发展历程，因为历史是文化形成的重要背景。比如通过阅读 A History of the English Speaking Peoples（《英语民族史》）等书籍，深入了解英国和美国等国家的历史变迁。对于风俗习惯方面，可以阅读介绍西方礼仪、节日习俗的书籍，像 Etiquette Guide to the USA（《美国礼仪指南》）。在学习过程中，要注意积累词汇和表达。例如"celebration"（庆祝）、"tradition"（传统）、"custom"（习俗）等与文化相关的词汇。教师在教学中也应该适时地引入文化知识，比如在讲解课文时，穿插相关的文化背景介绍。

（二）增强语言与文化的融合意识

语言和文化是紧密相连的，要提升文化敏感性，就必须强化语言与文化的融合意识。英语中的词汇、语法、表达方式等都深深扎根于其文化土壤之中。例如，英语中的一些习语，如"beat around the bush"（旁敲侧击），如果不结合文化背景去理解，很难准确把握其含义。

解决方法：在英语学习中，要时刻关注语言和文化的关系。对于词汇学习，不仅要掌握其字面意思，还要了解其文化隐喻和象征意义。在语法学习方面，要明白语法规则背后的文化逻辑。例如，英语中被动语态的使用比较频繁，这与西方文化中注重客观事实的表达有关。学习者可以通过对比英汉两种语言在词汇和语法上的差异，加深对文化差异的理解。教师可以引导学生进行文化对比分析，比如组织学生讨论中英问候方式的不同，像"How are you?"和"你吃了吗？"所反映出的文化差异。

（三）积极参与跨文化交流活动

参与跨文化交流活动是提升英语文化敏感性的有效途径。在真实的交流场景中，能够亲身体验和感受不同文化之间的差异和碰撞，从而提高对文化差异的认知和适应能力。例如，在与英语母语者交流时，会发现他们在交流方式、思维模式等方面与我们存在差异。

解决方法：学习者可以参加各种跨文化交流活动，如国际文化节、英语角、国际交流项目等。在这些活动中，要积极主动地与他人交流，倾听对方的观点和想法，尊重文化差异。同时，要注意观察对方的语言使用习惯、非言语行为等方面的文化特点。例如，在交流中注意对方的肢体语言、面部表情等，因为这些非言语行为也传递着重要的文化信息。可以运用一些常用的交流表达，如"Nice to talk to you."（很高兴和你交流）、"I understand your point."（我理解你的观点）等。

（四）培养开放包容的文化心态

拥有开放包容的文化心态对于提升英语文化敏感性至关重要。如果对不同的文化持有偏见或排斥心理，就难以真正接受和理解其他文化，也就无法提升文化敏感性。例如，有些人可能会因为对英语国家的某些文化现象不理解而产生抵触情绪。

解决方法：学习者要树立正确的文化观，认识到文化的多样性和平等性。要摒弃文化优越感和文化偏见，尊重和接纳不同的文化。在学习和交流过程中，要保持开放的心态，积极倾听和学习其他文化的优点。可以通过自我反思和心理调整来培养这种心态，当遇到与自身文化不同的观念和行为时，不要急于否定，而是要尝试去理解和分析其背后的文化原因。例如，当听到英语国家的一些不同的价值观表达时，可以思考其文化根源，而不是简单地进行批判。同时，要学会欣赏不同文化的独特魅力。比如欣赏英语国家的文学、艺术、音乐等方面的优秀作品，从中感受不同文化的美。

第四节　跨文化英语学习心态构建

一、英语文化的首要心态

（一）以开放与接纳的态度

在面对英语文化时，持有开放与接纳的态度是至关重要的。这种态度意味着愿意放下先入为主的观念和偏见，以一种全新的视角去认识和理解英语文化。如果没有这种开放的心态，就容易局限于自身原有的文化认知，难以真正融入英语文化的氛围中。比如，在英语中存在一些与汉语表达习惯完全不同的词汇和短语，像"a piece of cake"（小菜一碟），如果不能以开放的心态去接受这种差异，可能会觉得难以理解。

解决方法：要培养开放与接纳的态度，首先需要从心理上进行自我调整。认识到世界文化的多样性，明白每种文化都有其独特的价值和意义。在学习英语的过程中，积极主动地去接触英语文化的各个方面，包括其文学作品、电影、音乐等。例如，阅读经典的英语文学名著，如 *Pride and Prejudice*（《傲慢与偏见》），从中感受英语文化中的情感表达和社会风貌。在遇到不理解的英语文化现象时，不要急于否定，而是尝试从其文化背景和历史渊源去思考，逐渐培养对不同文化的包容和理解。同时，在与英语母语者交流时，要尊重他们的文化习惯和观点，以开放的心态去倾听和互动，比如可以用"I'm really interested in your culture. Could you tell me more about it?"（我对你的文化真的很感兴趣，你能给我多讲讲吗）这样的表达来开启交流。

（二）尊重与理解的理念

尊重与理解是对待英语文化应有的另一个重要心态。不同的文化有不同的价值观、信仰和行为规范，尊重英语文化就是要承认并认可这些差异的存在，而理解则是深入探究这些差异背后的原因和意义。英语国家的人们在社交礼仪、家庭观念等方面都有其独特之处，如果缺乏尊重和理解，可能会在跨文化交流中产生误解和冲突。例如，在英语国家，尊重他人的隐私是非常重要的文化特点，随意询问他人的私人生活细节是不礼貌的行为。

解决方法：培养尊重与理解的理念需要从多方面入手。一方面，通过学习英语国家的历史、社会和文化知识，了解其文化形成的背景和发展过程，从而更好地理解其文化内涵。可以参加文化讲座、阅读相关文化研究书籍等。另一方面，在实际交流中，要时刻保持尊重他人文化的意识，注意自己的言行举止。当遇到文化差异时，不要轻易评判或指责，而是以平和的心态去沟通和交流。比如在交流中可以说"I respect your culture and beliefs. Let's have an in-depth discussion about our cultural differences."（我尊重你的文化和信仰，让我们深入讨论一下我们的文化差异吧。）同时，鼓励自己站在对方的文化角度去思考问题，设身处地地去感受对方的文化体验，以增进对英语文化的理解。

（三）好奇与探索的精神

保持好奇与探索的精神对于深入了解英语文化起着关键的推动作用。这种精神能够激发人们对英语文化的兴趣，促使人们主动去挖掘和发现其中的奥秘和魅力。如果缺乏好奇心，可能只会停留在英语语言的表面学习，而无法真正领略到英语文化的深厚底蕴。例如，对于英语中的一些古老传说、神话故事以及传统习俗，如果没有好奇心去探索，就可能错过很多有趣的文化内容。

解决方法：为了培养好奇与探索的精神，可以从日常生活中的点滴开始。比如在学习英语单词时，不仅仅满足于记住其基本含义，还可以深入探究其词源和文化背景。像"apricot"（杏子）这个单词，了解其背后的文化故事可以加深对它的记忆和理解。同时，利用各种资源去探索英语文化，如参观英语国家文化展览、浏览英语国家的文化网站等。在学习过程中，不断给自己提出问题,如"为什么这个词汇在英语文化中有这样的含义?""这种文化现象是如何形成的?"然后通过查阅资料、请教老师或与他人交流来寻找答案。还可以参加英语文化俱乐部或学习小组,与其他学习者一起分享和探索英语文化,互相激发好奇心和探索欲。

(四)自信与从容的心境

在接触英语文化的过程中,拥有自信与从容的心境也是必不可少的。自信意味着相信自己有能力理解和融入英语文化,而从容则是在面对文化差异和交流障碍时能够保持冷静和镇定。如果缺乏自信,可能会在英语交流或文化学习中产生畏难情绪,影响学习效果;而没有从容的心态,可能会在遇到文化冲突或误解时感到焦虑和不知所措。

解决方法:要建立自信与从容的心境,首先要不断提升自己的英语语言能力和文化知识水平。通过扎实的学习和实践,逐渐增强自己在英语文化领域的实力和信心。例如,坚持每天进行英语听说读写的训练,积累语言经验。同时,积极参与各种英语交流活动,在实践中锻炼自己的应对能力。当遇到困难或挫折时,不要轻易气馁,而是把它们看作是成长和进步的机会。在交流中,即使出现语言错误或文化误解,也不要过分紧张,要以从容的心态去面对和纠正。可以通过自我鼓励和心理暗示来增强自信,比如告诉自己"I can do it. I'm capable of understanding and communicating in English culture."(我能做到,我有能力在英语文化中进行理解和交流)。此外,学会调整自己的心态,保持平和与乐观,以更好地适应英语文化学习和交流的过程。

二、英语学习的内在动力

(一)兴趣激发的原动力

兴趣是英语学习内在动力的重要源泉。当对英语产生浓厚的兴趣时,学习就不再是一种负担,而是一种享受和追求。缺乏兴趣,英语学习可能会变得枯燥乏味,难以持续。例如,如果对英语的发音、词汇、语法等方面没有兴趣，就很难投入精力去深入学习。

解决方法：培养对英语的兴趣可以从多个方面入手。可以从英语的趣味性入手，比如观看有趣的英语动画片、电影或电视剧。英语动画片 The Simpsons（《辛普森一家》）充满幽默和生活气息，能让学习者在轻松愉快的氛围中感受英语的魅力。还可以阅读有趣的英语故事书或小说，像 The Adventures of Tom Sawyer（《汤姆索亚历险记》），通过引人入胜的故事情节激发对英语的兴趣。此外，聆听英语歌曲也是一个很好的方式。许多英语歌曲旋律优美，歌词富有诗意，如 My Heart Will Go On（《我心永恒》），在欣赏音乐的同时还能学习英语表达。在学习过程中，可以尝试模仿电影、歌曲中的英语表达。

（二）目标设定的驱动力

明确的学习目标是英语学习内在动力的关键因素。没有清晰的目标，学习往往会缺乏方向和动力。一个具体、可行的目标能够为学习提供明确的指引和努力的方向。例如，如果只是模糊地想要学好英语，而没有具体的目标，如在一定时间内通过某个英语考试、能够用英语进行流利的交流等，就容易在学习中迷失。

解决方法：首先，需要根据自己的实际情况和需求来设定目标。如果是为了升学，就可以设定通过特定英语考试的目标，如雅思、托福等。如果是为了工作，就可以设定能够在商务场合用英语进行沟通和谈判的目标，然后，将大目标分解为小目标，逐步实现。比如，为了通过英语考试，可以先设定每周背诵一定数量的单词、完成一定数量的练习题等小目标。在设定目标后，要定期评估自己的学习进展，根据实际情况调整目标和学习计划。可以使用一些目标管理工具，如拟定学习进度表，将每天、每周的学习任务和目标明确列出，时刻提醒自己朝着目标前进。

（三）自我提升的推动力

追求自我提升是英语学习的另一个重要内在动力。认识到英语学习对自身知识、能力和素质的提升作用，能够激发持续学习的动力。英语不仅是一种语言工具，更是打开世界之门、获取更多知识和机会的钥匙。例如，通过学习英语可以阅读国外的学术文献、了解国际前沿的科技和文化动态，从而拓宽自己的视野和思维方式。

解决方法：学习者要不断强化对自我提升的认知，明白英语学习对个人成长的重要意义。可以通过参加各种英语学习活动和竞赛来检验和提升自己的能力。比如参加英语演讲比赛，在准备比赛的过程中，不仅能够提高英语表达能力，还能锻炼自己的逻辑思维和心理素质。同时，关注英语在实际生活和工作中的应用，将英语学习与个人职业发展、兴趣爱好等相结合。例如，如果对科技感兴趣，可以阅读英语科技文章，参加国际科技论坛，用英语与全球的科技爱好者交流。还可以利用在线学习资源，如英语学习网站、App等，获取更多的学习资料和提升机会，不断充实自己。

（四）成就感带来的持续力

在英语学习过程中获得的成就感是维持内在动力的重要因素。当取得一定的学习成果时，会产生满足感和自信心，进而激励自己继续努力学习。例如，在英语考试中取得好成绩、能够用英语与外国人进行顺畅的交流、得到他人的认可和赞扬等，这些成就感会成为继续学习的动力。

解决方法：为了获得成就感，可以为自己设定一些阶段性的奖励机制。当完成一定的学习任务或达到某个学习目标时，给自己一个小奖励，如看一场喜欢的电影、吃一顿美食等。同时，要积极寻求外部的认可和鼓励。可以将自己的学习成果分享给家人、朋友或老师，从他们那里获得肯定和赞扬。在学习过程中，记录自己的进步，如制作学习日志，将自己学会的新单词、新表达、取得的进步等都记录下来，定期回顾，看到自己的成长和变化，增强自信心和成就感。此外，参加英语学习社群或小组，与其他学习者分享经验和成果，互相鼓励和支持，也能提升成就感和持续学习的动力。

三、英语学习的挑战与态度

（一）语言复杂性带来的挑战及应对态度

英语语言本身具有一定的复杂性，这是英语学习面临的重要挑战之一。英语的词汇丰富且含义多样，语法结构相对复杂，发音规则也存在诸多变化。例如，英语中的一词多义现象非常普遍，像"run"这个单词，它既可以表示"跑"，也可以表示"经营""管理"等不同的意思。语法方面，英语有时态、语态、虚拟语气等多种语法形式，而且不同的语法形式在句子中的运用有严格的规则。发音方面，英语中有元音和辅音的不同发音，还有连读、弱读等语音变化。

解决方法与应对态度：面对语言复杂性带来的挑战，首先要有坚持不懈的态度。在词汇学习上，要养成积累和归纳的习惯。可以通过制作词汇卡片，将单词的不同含义、例句以及相关的短语搭配记录下来，随时进行复习。比如对于"set"这个单词，它有"设置""一套""落下"等多种含义，可以把这些含义和相应的例句都整理到卡片上。语法学习中，要注重理解语法规则背后的逻辑和原理，通过大量的例句和练习来加深对语法的掌握。比如学习虚拟语气时，可以多分析一些虚拟语气的典型例句，理解在不同情境下虚拟语气的用法。发音方面，要多听多模仿，可以通过听英语原声材料，如英语广播、电影、歌曲等，模仿其中的发音和语音语调，还可以参加英语口语培训课程，接受专业的发音指导。

（二）学习环境局限的挑战及突破态度

学习环境的局限也是英语学习面临的一个挑战。对于很多学习者来说，缺乏真实的英语语言环境是一个普遍的问题。在日常生活中，周围的人大多使用母语交流，接触英语的机会相对较少。而且，传统的课堂教学模式可能无法完全满足学习者多样化的学习需求,学习资源的获取也可能存在一定的限制。

解决方法与应对态度:为了突破学习环境的局限,要有积极主动创造学习环境的态度。可以利用现代科技手段来拓展学习渠道,例如通过互联网获取丰富的英语学习资源,如在线英语课程、英语学习网站、英语学习App等。还可以利用社交媒体与世界各地的英语学习者和英语母语者进行交流,比如在国际社交平台上加入英语学习小组或与英语母语者成为好友,进行日常的英语交流。在日常生活中,尽量为自己创造英语学习的小环境,比如用英语写日记、给自己设置英语的手机和电脑语言环境、在家中张贴英语单元词卡片等。此外,还可以参加英语角、英语俱乐部等线下活动,与其他英语学习者一起练习英语,互相交流和学习,共同营造浓厚的英语学习氛围。

(三)心理障碍形成的挑战和克服态度

在英语学习过程中,心理障碍也是一个不可忽视的挑战。一些学习者可能因为害怕犯错、担心发音不标准、对自己的语言能力缺乏自信等原因而产生心理障碍,从而影响学习的积极性和效果。例如,有些学习者在课堂上不敢开口说英语,害怕别人嘲笑自己的错误。

解决方法与应对态度:要克服心理障碍,首先要有正确的自我认知和积极的心态。要认识到犯错是学习过程中的正常现象,每个人在学习英语的过程中都会犯错误,关键是要从错误中吸取教训,不断改进。可以通过自我鼓励和心理暗示来增强自信心,比如每天对自己说"I can do it. I'm improving every day."(我能做到,我每天都在进步)在学习中,要逐渐突破自己的舒适区,勇敢地尝试用英语进行交流和表达。可以从一些简单的场景开始,比如在英语角或者与熟悉的朋友用英语交流,随着自信心的增强,再逐渐扩大交流的范围和场合。同时,要学会正确对待他人的评价,不要过分在意别人的看法,把重点放在自己的学习和进步上。教师和家长也应该给予学习者充分的鼓励和支持,帮助他们克服心理障碍,树立学习英语的信心。

四、优化英语学习过程的关键策略

（一）制定科学合理的学习计划

制订科学合理的学习计划是优化英语学习过程的基础。没有一个清晰明确的学习计划，英语学习很容易变得杂乱无章，缺乏系统性和连贯性。学习计划能够为学习者提供明确的方向和目标，使学习过程更加有序和高效。例如，如果没有计划地学习英语，可能会出现今天学习词汇，明天又随意选择阅读材料，这样无法形成知识的积累和提升。

解决方法：首先，要根据自己的英语水平、学习目标和时间安排来制订学习计划。如果是英语基础较为薄弱的学习者，应该将更多的时间分配给基础知识的学习，如语法和词汇。确定每天或每周的学习时间，例如每天抽出一到两个小时专门用于英语学习。在内容安排上，要兼顾听、说、读、写各个方面。比如，周一可以安排重点学习词汇和语法知识，周二进行听力训练，周三练习口语表达，周四进行阅读理解，周五进行写作练习等。同时，要定期评估学习计划的执行情况，根据实际情况进行调整和优化。例如，如果发现某个方面的学习进度较慢或者效果不佳，可以适当增加该方面的学习时间和强度。在学习词汇时，可以运用联想法、词根词缀法等方法来帮助记忆，如 "tele-" 这个词根通常表示 "远" 的意思，"telephone"（电话）就是通过电波远距离传递声音的工具。

（二）营造良好的学习环境

营造良好的学习环境对于英语学习至关重要。一个有利于学习的环境能够激发学习者的积极性和主动性，提高学习效率。如果学习环境嘈杂、干扰因素多，或者缺乏英语学习的氛围，会对学习效果产生负面影响。比如在一个充满噪音和干扰的环境中，很难集中精力进行英语听力和阅读练习。

解决方法：一方面，可以从物理环境入手，尽量选择安静、舒适、光线充足的地方进行学习。例如，在家里可以设置一个专门的学习角落，摆放好学习用品，保持整洁和安静。另一方面，要营造浓厚的英语学习氛围。可以通过多种方式实现，如在家中张贴英语单元词卡片、英语名言警句等；在日常生活中，尽量使用英语标识物品，如用英语给家具、电器等贴上标签。还可以利用多媒体资源，如播放英语广播、英语电影、英语歌曲等，让自己沉浸在英语环境中。在听力练习时，可以选择不同语速和难度的英语材料，从简单的英语对话开始，逐渐过渡到英语新闻、英语讲座等。对于口语练习，可以参加英语角或者在线英语交流群，与其他学习者一起练习口语，互相鼓励和支持。

（三）运用多样化的学习方法

运用多样化的学习方法是优化英语学习过程的关键。单一的学习方法容易让学习者感到枯燥乏味，而且可能无法满足英语学习各个方面的需求。不同的学习方法适用于不同的学习内容和学习目标，因此需要结合多种方法来提高学习效果。例如，只依靠死记硬背学习单词，可能会导致记忆不牢固，而且无法灵活运用。

解决方法：在词汇学习方面，可以采用多种方法相结合。除了传统的背诵记忆，还可以通过阅读英语文章、观看英语电影等方式来扩大词汇量，在语境中理解和记忆单词。在语法学习上，可以通过分析例句、做语法练习题、阅读语法讲解书籍等方式加深理解。对于听力训练，可以先从听简单的英语儿歌、故事开始，逐渐过渡到听英语广播、英语电影对白等。同时，要善于利用现代科技手段辅助学习，如使用英语学习 App，这些 App 通常提供丰富的学习资源，包括词汇、语法、听力、口语等方面的练习，还可以根据学习者的水平和需求进行个性化设置。在阅读英语文章时，可以先快速浏览文章，了解大致内容，然后再仔细阅读，分析文章结构和语言特点，遇到不懂的单词和句子，可以通过上下文猜测词义，或者查阅词典。

（四）培养积极的学习心态

培养积极的学习心态是优化英语学习过程的保障。如果学习者对英语学习持有消极、抵触的心态，那么即使有再好的学习计划、学习环境和学习方法，也难以取得良好的学习效果。积极的心态能够让学习者在面对困难和挫折时保持信心和动力，坚持不懈地进行学习。例如，当遇到难以理解的英语知识点或者发音困难时，消极的心态可能会让人轻易放弃，而积极的心态则会促使人们努力克服困难。

解决方法：首先，要正确认识英语学习的意义和价值，明白英语学习对个人发展和未来职业规划的重要性，从而激发内在的学习动力。可以设定一些小目标，当完成这些目标时，给自己适当的奖励，增强学习的成就感。在学习过程中，不要过分追求完美，要允许自己犯错误，把错误看作是学习和进步的机会。当遇到挫折时，要学会自我调节和鼓励，告诉自己"我可以的""我会越来越好的"。同时，要与他人分享学习心得和经验，从他人那里获得支持和鼓励。

第二章 跨文化英语沟通原理初探

第一节 沟通模型与跨文化英语沟通

一、经典沟通模型在英语语境下的应用

（一）信息传递的准确性与英语表达

在英语语境下，确保信息传递的准确性至关重要。经典沟通模型强调信息源发出的信息需清晰、准确地被接收者理解。然而，由于英语语言的复杂性和文化差异，信息在传递过程中可能出现偏差。例如，词汇的多义性、语法结构的多样性以及不同英语国家之间的表达习惯差异等，都可能影响信息传递的准确性。比如"run"这个单词，它有"跑""经营""进行"等多种含义，若在交流中没有根据具体语境准确选择其含义，就可能导致信息传递错误。

解决方法：学习者需要不断提升英语语言能力，包括词汇量的积累、语法知识的掌握以及对英语国家文化背景的了解。在词汇学习方面，不仅要记住单词的基本含义，还要了解其在不同语境中的引申义。可以通过阅读英语原著、观看英语电影等方式来加深对词汇的理解和运用。在语法学习上，要注重语法规则的实际运用，通过大量的英语写作和口语练习来强化语法意识。同时，要关注不同英语国家之间的文化差异和语言习惯，例如英式英语和美式英语在某些词汇和发音上的差异，在交流中根据实际情况进行适当调整。

例如，在表达"我要去看电影"时，美式英语通常说"I'm going to watch a movie."，而英式英语可能会说"I'm going to see a film."

（二）编码和解码过程中的语言障碍

在经典沟通模型中，编码和解码是信息传递的关键环节。在英语语境下，编码者需要将自己的想法和信息用英语进行恰当的编码，而解码者则需准确理解这些英语信息。但对于非英语母语者来说，语言障碍可能导致编码和解码过程出现问题。一方面，在编码时，可能会因为词汇匮乏、语法错误或表达不地道而使信息无法准确传达。另一方面，在解码时，可能由于听力理解困难、对英语习语和隐喻的不熟悉等原因而误解对方的信息。

解决方法：为了克服语言障碍，学习者应加强英语听说读写的综合训练。在听力训练方面，可以通过听英语广播、英语原声电影、英语歌曲等，提高听力理解能力，逐渐适应不同的英语口音和语速。在口语表达方面，要勇于开口说英语，积极参加英语角、英语口语培训等活动，不断纠正发音和语法错误，提升口语表达的流利度和准确性。在阅读和写作方面，要广泛阅读英语文章、书籍，进行英语写作练习，积累丰富的语言素材和表达方式。例如，在学习英语习语时，可以通过背诵和运用一些常见的习语，如"hit the nail on the head"（一针见血）、"break the ice"（打破僵局）等，来增强对英语文化和语言的理解。

（三）反馈机制在英语沟通中的作用

反馈在经典沟通模型中起着重要的调节和修正作用。在英语沟通中，及时、准确的反馈能够帮助双方确认信息是否被正确理解，同时也有助于改进和优化后续的沟通。然而，在实际英语沟通中，由于语言水平、文化差异或沟通心理等因素，反馈可能不够及时、明确或准确。比如，在英语课堂讨论或商务谈判中，如果一方没有及时给予对方反馈，可能会导致误解加深或沟通中断。

解决方法：要建立有效的反馈机制，首先需要培养积极的沟通态度，敢于表达自己的观点和感受。在英语沟通中，要学会用恰当的英语表达来给予对方反馈，例如，可以使用"I understand your point, but..."（我理解你的观点，但是……）、"That's a good idea. However, I think..."（那是个好主意。然而，我认为……）等表达方式。同时，要学会倾听对方的反馈，认真分析和理解对方的意见和建议。对于反馈中出现的语言问题或文化误解，要及时进行反思和调整，不断提高沟通的效果。例如，在英语小组讨论中，如果对方提出了不同的观点，应该积极回应并给予肯定，如"Your opinion makes sense. I'll think about it."（你的观点有道理。我会考虑的。）

（四）沟通情境对英语沟通的影响

沟通情境是经典沟通模型中不可忽视的因素。在英语语境下，沟通情境包括沟通的场合（正式或非正式）、沟通对象（长辈、同龄人、下属等）、沟通目的（学术交流、商务谈判、日常聊天等）等。不同的沟通情境对英语语言的使用和沟通方式有不同的要求。例如，在正式的商务会议中，需要使用较为正式、规范的英语语言，注重礼仪和专业术语的运用；而在朋友之间的日常聊天中，则可以使用更加随意、亲切的语言表达。

解决方法：学习者需要根据不同的沟通情境调整自己的英语沟通策略。在正式场合，要提前做好充分的准备，了解相关的专业术语和礼仪规范，注意语言的准确性和严谨性。例如，在商务英语写作中，要遵循正式的格式和语法规则，使用恰当的商务用语。在非正式场合，可以适当放松，运用一些口语化、简洁的表达方式，但也要注意礼貌和尊重。同时，要学会观察和分析沟通情境中的各种因素，如对方的身份、情绪、文化背景等，灵活调整自己的沟通方式和语言风格。例如，在与长辈交流时，可以使用更加礼貌、尊敬的语言，如"May I ask your opinion, sir/madam?"（我可以请教一下您的意见吗，先生/女士？）；在与同龄人交流时，则可以更加随意一些，如"Hey, what do you think about this?"（嘿，你觉得这个怎么样？）。

二、跨文化英语沟通模型的独特要素

（一）语言适应性的重要意义

语言适应性在跨文化英语沟通中起着关键的作用。英语在不同的国家和地区可能会存在一定的差异，包括词汇、发音、语法和表达方式等方面。例如，英式英语和美式英语在某些词汇和发音上就有明显的不同，澳大利亚英语也有其独特的特点。如果不能适应这些差异，就可能会影响沟通的效果。

解决方法：为了提高语言适应性，学习者需要广泛接触不同类型的英语。可以通过收听不同国家和地区的英语广播、观看不同版本的英语电影、与来自不同英语国家的人交流等方式来熟悉各种英语变体。在学习过程中，要注意积累不同英语变体中的常用词汇和表达方式，了解它们之间的差异和联系。同时，要培养灵活运用英语的能力，根据沟通对象和沟通情境选择合适的语言表达方式。例如，在与英国英语使用者交流时，可以适当使用一些英式英语的词汇和表达方式，如"lift"（电梯，英式英语）而不是"elevator"（电梯，美式英语）；在与美国英语使用者交流时，可以使用一些美式英语的习惯用语，如"gotta"（相当于"got to"，必须，美式英语常用）。

（二）非语言沟通的潜在影响

非语言沟通在跨文化英语沟通中具有不可忽视的潜在影响。非语言沟通包括肢体语言、面部表情、眼神交流、空间距离等方面。不同文化对非语言沟通的理解和运用存在着很大的差异。肢体语言的含义在不同文化中也可能不同，同样的一个手势在一种文化中可能是友好的表示，而在另一种文化中可能是冒犯性的动作。

解决方法：要理解和掌握非语言沟通的差异，需要加强对不同文化中非语言沟通方式的学习和研究。可以通过观察不同文化背景的人的非语言行为、阅读相关的文化研究资料等方式来了解。在跨文化沟通中，要注意观察对方的非语言行为，并且要意识到自己的非语言行为可能对对方产生的影响。例如，在与英语国家的人交流时，要注意保持适当的眼神交流，这在西方文化中被视为一种尊重和自信的表现；同时，要避免一些可能被误解的肢体语言，如在一些英语国家，用手指指人被认为是不礼貌的行为。

（三）文化同理心的构建需求

文化同理心是跨文化英语沟通中不可或缺的要素。文化同理心指的是能够站在对方的文化角度去理解和感受对方的观点、情感和行为，从而建立起有效的沟通和信任关系。如果缺乏文化同理心，就可能会在沟通中表现出冷漠、不理解甚至歧视，从而破坏沟通的氛围和效果。

解决方法：培养文化同理心需要培养开放、包容的心态，摒弃文化偏见和歧视。可以通过学习跨文化沟通的理论和方法、参与跨文化培训和交流活动等方式来提高文化同理心。在沟通中，要学会倾听对方的观点和感受，尊重对方的文化背景和价值观，尝试从对方的文化视角去思考问题。例如，当与英语国家的人讨论某个文化差异较大的话题时，不要急于表达自己的观点，而是先耐心倾听对方的看法，然后再以尊重和理解的态度表达自己的观点，寻求双方的共识和理解。同时，要不断反思自己在跨文化沟通中的行为和态度，及时调整和改进，以提高文化同理心和沟通效果。

三、跨文化视角下如何重塑英语沟通模型

（一）语言理解的深度拓展

从跨文化视角来看，语言理解不再局限于单纯的词汇和语法层面。英语作为一种广泛使用的国际语言，在不同文化背景下会呈现出丰富的语义变化和内涵差异。例如，"white elephant"这个短语，字面意思是"白色大象"，但在英语文化中，它通常用来表示"昂贵而无用的东西"。如果仅从字面去理解，就会出现偏差。

不同文化赋予了词汇不同的象征意义和引申含义。每种文化都有其独特

的历史、社会和价值观背景，这些因素会渗透到语言中，影响词汇和表达的意义。

解决方法：学习者需要深入了解英语国家的文化背景，包括历史典故、民间传说、社会习俗等。在学习词汇和短语时，不能仅仅满足于记住其表面意思，而要探究其背后的文化根源。比如通过阅读英语国家的文学作品、文化典籍来丰富文化知识，加深对词汇的理解。在遇到难以理解的表达时，可以利用在线词典、文化百科等资源来查找其文化内涵的解释。同时，在日常交流中，要保持对文化差异的敏感度，不断积累和总结不同文化背景下语言表达的特点。

（二）非语言因素的重视与解读

非语言因素在跨文化英语沟通中起着至关重要的作用。肢体语言、面部表情、眼神交流、空间距离等非语言信号在不同文化中可能具有不同的含义和解读方式。比如，在一些英语国家，保持适当的眼神交流被视为自信和尊重的表现。但在某些文化中，过多的眼神接触可能被认为是不礼貌或具有挑衅性。

文化差异导致了对非语言信号的不同理解和运用。不同文化对于身体语言的规范和含义有着各自的传统和习惯。

解决方法：要提高跨文化英语沟通能力，必须重视非语言因素的学习和理解。可以通过阅读相关的文化研究资料、观看跨文化交流的视频等方式来了解不同文化中的非语言信号。在实际沟通中，要注意观察对方的非语言行为，并结合语言表达来全面理解对方的意图。同时，要注意调整自己的非语言行为，使其符合对方文化的规范和期望。例如，在与英语国家的人交流时，要保持适当的微笑、点头等肢体语言来表示友好和专注；在空间距离方面，要尊重对方的个人空间习惯，避免过于靠近或疏远。

（三）文化敏感度的培养与提升

文化敏感度是跨文化英语沟通的关键因素。拥有高文化敏感度的人能够更好地理解和尊重不同文化之间的差异，避免因文化误解而导致的沟通障碍。例如，在一些英语国家，人们对于时间观念非常严格，准时是一种重要的社交礼仪；而在其他一些文化中，时间观念可能相对更加灵活。

文化敏感度的高低直接影响着人们对不同文化的认知和态度。文化敏感度较低的人容易以自己的文化标准去衡量和评判其他文化，从而引发误解和冲突。

解决方法：培养文化敏感度需要不断地学习和体验不同文化。可以通过参加国际文化交流活动、结交不同文化背景的朋友、学习跨文化沟通的课程等方式来拓宽自己的文化视野。在日常生活中，要保持开放的心态，积极倾听和学习不同文化的观点和习俗。当遇到文化差异时，不要急于否定或排斥，而是要尝试从对方的文化角度去思考问题，理解其背后的文化逻辑。同时，要不断反思自己在跨文化沟通中的行为和态度，及时调整和改进，以提高文化敏感度和沟通效果。

四、跨文化英语沟通模型的实践指导价值

（一）提升语言运用的准确性与恰当性

跨文化英语沟通模型对于提升语言运用的准确性与恰当性具有关键意义。在英语沟通中，由于不同文化背景下词汇和表达的含义存在差异，若缺乏跨文化意识，很容易出现用词不当或表达不准确的情况。例如，"propitious"这个词，在英语中表示"吉利的，吉祥的"，但在某些文化中，人们可能不太常用这个相对正式的词汇，而更倾向于使用更为日常的表达。

不同文化背景下的语言习惯和偏好不同。一些文化可能更注重正式、严谨的语言表达，而另一些文化则更偏向于简洁、随意的风格。同时，词汇的内涵和外延在不同文化中也可能有所变化。

解决方法：学习者应深入了解英语国家的文化背景和语言习惯，尤其是常用词汇和表达的文化内涵。在学习新词汇时，不仅要掌握其基本含义，还要了解其在不同文化情境中的具体用法。在实际沟通中，要根据对方的文化背景和交流情境，选择合适的词汇和表达方式。例如，在正式场合可以使用较为正式、规范的语言，而在日常交流中则可以适当运用一些口语化、轻松的表达。

（二）增强对非语言信号的理解与运用

在跨文化英语沟通中，非语言信号起着重要的辅助作用。然而，不同文化对非语言信号的理解和运用存在差异。如果不加以注意，可能会导致误解或沟通障碍。

文化差异导致了人们对非语言信号的不同解读。每个文化都有其独特的非语言沟通规范和习惯，这些规范和习惯是在长期的历史、社会和文化发展过程中形成的。

解决方法：为了更好地理解和运用非语言信号，学习者需要深入研究不同文化中的非语言沟通特点。可以通过阅读相关的文化研究书籍、参加跨文化培训课程等方式，了解不同文化中肢体语言、面部表情、空间距离等非语言信号的含义和用法。在实际沟通中，要注意观察对方的非语言信号，并结合语言表达来全面理解对方的意图。同时，要调整自己的非语言行为，使其符合对方文化的规范和期望。例如，在与英语国家的人交流时，要保持适当的眼神交流和微笑，避免一些可能引起误解的肢体动作。

（三）培养文化适应能力与包容心态

跨文化英语沟通模型有助于培养文化适应能力和包容心态。在跨文化交流中，人们往往会遇到与自己文化不同的价值观、行为规范和社会习俗。如果缺乏文化适应能力和包容心态，很容易产生文化冲突和误解。

不同文化之间的差异会导致人们在认知、情感和行为上的不同反应。如果不能理解和接受这些差异，就难以进行有效的跨文化沟通。

解决方法：要培养文化适应能力和包容心态，学习者需要保持开放的心态，积极主动地去了解和学习不同文化。可以通过参加国际文化交流活动、与不同文化背景的人建立友谊等方式，亲身体验不同文化的魅力和差异。在面对文化差异时，要学会尊重和理解对方的文化，避免以自己的文化标准去评判他人。同时，要不断反思自己的文化观念和行为，努力克服文化偏见和刻板印象。例如，在与英语国家的人交流时，要尊重他们的个人空间和隐私观念，避免过多干涉他人的生活。

（四）促进跨文化合作与交流的顺利开展

跨文化英语沟通模型对于促进跨文化合作与交流的顺利开展具有重要的推动作用。在全球化的背景下，跨文化合作与交流日益频繁，良好的跨文化沟通能力是实现有效合作的关键。例如，在国际商务谈判、学术交流、旅游等领域，都需要运用跨文化沟通能力来达成合作目标。

不同文化背景的人们在合作与交流中会面临各种文化差异和沟通障碍，如果不能有效的解决这些问题，就会影响合作的效果和质量。

解决方法：为了促进跨文化合作与交流的顺利开展，学习者需要掌握跨文化沟通的技巧和策略。在合作与交流之前，要充分了解对方的文化背景、需求和期望，制订合理的沟通计划。在沟通过程中，要保持耐心和尊重，积极倾听对方的意见和建议，及时解决出现的问题和矛盾。同时，要善于运用文化差异来创造合作机会，实现优势互补。例如，在国际商务合作中，可以结合不同文化的特点和优势，制定创新的合作方案，提高合作的竞争力和效益。此外，还可以通过学习跨文化管理的知识和技能，提高在跨文化团队中的领导和协调能力，促进团队的和谐与发展。

第二节　文化差异对英语沟通的影响

一、文化价值观如何塑造英语表达与理解

（一）个人主义与集体主义价值观的影响

个人主义和集体主义价值观在英语表达和理解方面有着显著的影响。在个人主义价值观占主导的英语国家文化中，强调个体的独立性和自主性，这种价值观反映在语言表达上，表现为更加强调自我的表达和个人观点的突出。这种文化背景下，个体被视为独立的、具有独特价值的存在，语言成为他们展示个性和独立思考的重要工具。在阅读和听力理解中，当遇到这样以个人观点为主导的表达时，应意识到这是符合其文化价值观的正常现象，不要感到突兀。

（二）权力距离价值观的体现

权力距离价值观也会对英语表达和理解产生重要的作用。在权力距离较大的文化中，人们在语言表达上可能会更加注重等级和身份的差异，对上级或权威人士的语言表达会更为恭敬和正式，而在权力距离较小的文化中，语言表达相对更加平等和随意。例如，在一些工作场合，员工和上级之间的交流可能会使用比较平等、直接的语言。文化中对权力分配和社会等级的认知会直接影响人们在语言上的选择和运用。在权力距离较小的文化中，人们更倾向于认为人与人之间是平等的，这种观念体现在语言中就是不太强调等级差异。在与英语国家的人交流时，要根据具体的情境和对方的文化背景来调整自己的语言。在较为正式的场合，如与长辈或上级交流时，可以适当使用一些较为礼貌和正式的语言表达，如"May I ask your opinion, sir/madam?"在较为随意的场合，如与同龄人或朋友交流时，可以更加放松地使用日常、

简洁的语言。

（三）不确定性规避价值观的作用

规避不确定性的价值观同样会对英语表达和理解产生深远的影响。在不确定性规避程度较高的文化中，人们倾向于使用明确、清晰的语言来减少不确定性和模糊性，而在不确定性规避程度较低的英语国家文化中，人们对模糊性和不确定性的容忍度相对较高，语言表达可能会更加灵活和富有弹性。例如，在英语中，一些模糊表达如"sort of""kind of"等比较常见，它们体现了对不确定性的一种包容态度。文化中对不确定性的态度会影响人们对语言精确性和模糊性的偏好。在不确定性规避程度较低的文化中，人们更愿意接受一定程度的模糊和不确定性，认为这是生活的一部分。在听力和阅读中，遇到模糊表达时不要过于纠结其精确含义，而是要结合上下文和语境来理解。在口语和写作中，可以根据实际需要适当使用一些模糊表达来增强语言的灵活性和自然度，但也要注意不要过度使用导致表达不清。

（四）长期导向与短期导向价值观的影响

长期导向和短期导向价值观也会在英语表达和理解中留下印记。在长期导向价值观的文化中，人们可能更注重长远的规划和目标，语言表达可能会更强调持续性和稳定性，而在短期导向价值观的英语国家文化中，人们可能更关注当下的情况和即时的结果，语言表达会更具有时效性和现实性。例如，在一些商务谈判中，长期导向文化背景下的人可能会更强调长期的合作关系和未来的发展，仅仅则可能更关注当前交易的细节和短期的利益。不同的时间观念和价值取向会引导人们在语言表达中关注不同的时间维度和重点。长期导向的文化更注重未来的发展和长期的利益，而短期导向的文化更注重当下的实际情况和短期的利益。在英语学习中，要理解这种差异，以便更好地理解英语国家人士的语言表达和思维方式。

二、思维方式与沟通风格在英语交流中的体现

（一）线性思维与英语表达的直接性

线性思维在英语交流中体现出明显的直接性。线性思维强调事物的逻辑性和顺序性，在英语表达中表现为说话者通常会开门见山地表达自己的观点，然后再逐步展开阐述理由和细节。例如，在英语的议论文写作中，往往会先在开头明确提出论点，接着用具体的论据进行支撑和论证。这是因为在具有线性思维特点的英语文化中，人们注重信息传递的高效性和清晰度，希望能够让接收者快速抓住核心要点。

这种思维方式源于英语国家长期以来形成的文化和教育传统。在这种环境下，人们习惯了按照一定的逻辑顺序和结构来组织语言和表达思想。

在英语学习中，为了适应这种表达习惯，可以从阅读英语文章开始，分析文章的结构和逻辑，学习如何清晰地表达观点。在口语交流中，尝试先简洁明了地表达自己的主要观点，再进行解释和说明。比如在讨论问题时，可以说"I believe..., because..."（我认为……，因为……）。在写作方面，注意文章的开头就要明确主题，避免过于迂回和模糊。

（二）发散思维与英语表达的灵活性

发散思维赋予了英语表达较强的灵活性。具有发散思维的英语使用者在交流中会展现出丰富的联想和多样的表达方式。例如，在描述同一事物时，他们可能会从不同的角度、运用不同的词汇和句式来进行表达，使语言更加生动有趣。比如在形容一个美丽的风景时，可能会用到"breathtaking"（令人惊叹的）、"stunning"（极美的）、"gorgeous"（华丽的）等词汇来增强表达的丰富性。

学习者可以通过广泛阅读不同类型的英语文学作品、观看英语电影等方式来感受这种灵活性。在日常的英语练习中，尝试用多种方式表达同一个意思，锻炼自己的发散思维能力。例如，表达"我很高兴"，可以尝试用"I'm very happy." "I'm in a good mood." "I am delighted."等不同的句子。同时，在与英语母语者交流时，注意观察他们的表达方式，学习他们的灵活用词和多样化的句式结构。

（三）整体思维与英语表达的关联性

整体思维会使英语表达更注重关联性。整体思维强调事物之间的相互联系和整体把握，在英语交流中体现为说话者会在表达中注重上下文的呼应和语义的连贯。比如在英语的段落写作中，每个句子之间都会有紧密的逻辑联系和语义过渡，以确保整个段落的连贯性和完整性。在口语交流中，也会通过使用连接词、代词等手段来保持话题的连贯性。

这种思维方式的形成与英语文化中对系统性和整体性的重视有关。人们在交流中希望传达的信息能够形成一个有机的整体，便于接收者全面理解。

在英语学习中，要注重培养对语言关联性的敏感度。在阅读时，分析文章中句子之间、段落之间的逻辑关系和过渡方式。在写作时，精心选择连接词和过渡句，使文章前后连贯、语义通顺。在口语表达中，学会运用恰当的连接词，如"however"（然而）、"therefore"（因此）、"in addition"（此外）等，来增强表达的连贯性。同时，注意代词的正确使用，避免由于指代不清而造成误解。

（四）具象思维与英语表达的形象性

具象思维使得英语表达具有较强的形象性。具象思维注重对具体事物和形象的感知和表达，在英语中常常通过丰富的词汇和生动的描写来展现。例如，在英语诗歌和小说中，会运用大量的形容词和比喻、拟人等修辞手法来描绘场景和人物，让读者能够产生身临其境的感觉。像"the roaring waves"（咆哮的海浪）、"the dancing leaves"（舞动的树叶）等表达，通过具体的形象让语言更加鲜活。

形象化的表达能够增强语言的感染力和吸引力，使交流更加生动有趣。

学习者可以通过欣赏英语文学作品中的优美描写来感受这种形象性。在自己的英语写作和口语表达中，尝试运用形象生动的词汇和修辞手法。比如在描述一个人时，可以说"He has a face like a peach blossom, charming and attractive."（他有着桃花般的面容，迷人而有吸引力）在学习新词汇时，不仅要理解其基本含义，还要想象其所代表的具体形象，以便更好地记忆和运用。同时，在听力和阅读中，注意体会英语中形象化表达所传达的情感和信息。

三、文化习惯与礼仪导致的英语沟通挑战

（一）问候方式差异引发的沟通困扰

问候方式在不同文化中存在显著差异。在英语国家，常见的问候方式有"How are you?""Nice to meet you."等，但这些问候的回应方式也有讲究，比如通常回答"How are you?"可以用"Fine, thank you. And you?"或者"Pretty good. Thanks."而在一些其他文化中，问候方式可能更为多样化或具有不同的含义和回应模式。原因在于不同文化背景下人们对于问候的重视程度、表达习惯和期待的回应各不相同。英语国家的问候往往更随意，旨在开启交流，而有些文化的问候可能包含更多关于对方具体情况的询问或特定的礼仪规范。在实际交流中，要根据情境和对方的文化背景选择恰当的问候方式和回应方式，不要过于刻板地套用一种回应方式，要灵活应对，使交流更加自然。比如在正式场合，可以使用更礼貌、规范的问候语，而在非正式场合，可以适当使用一些轻松、随意的表达。

（二）空间距离观念的冲突与沟通不适

空间距离观念在不同文化中也有很大差异，这可能在英语沟通中引发不适和误解。在英语国家，人们通常比较注重个人空间，在交谈时会保持一定的身体距离。如果不了解这一文化习惯，过于靠近对方可能会让对方感到不适甚至被视为侵犯个人空间，而在一些其他文化中，人们可能习惯于更近的交流距离。原因是文化背景决定了人们对个人空间的需求和认知。英语国家

的个人主义文化强调个体的独立性和自主性，因此对个人空间的需求相对较大；而一些集体主义文化的国家，人们更注重群体关系，交流距离可能会更近。要解决因空间距离观念不同导致的沟通问题，学习者需要了解英语国家的空间距离习惯。可以通过观察英语国家人们在各种场合的行为举止，了解他们在不同情境下所保持的空间距离。在与英语国家的人交流时，尊重他们的个人空间需求，保持适当的距离。同时，也要向对方解释和说明自身文化中的空间距离习惯，以增进相互理解。

（三）礼仪规范差异对沟通氛围的影响

礼仪规范在不同文化中存在差异，这些差异可能会对英语沟通的氛围产生影响。例如，在英语国家的正式场合，着装礼仪有严格的要求，穿着得体、整洁是基本的礼仪规范，而在其他文化中，对于正式场合的着装要求可能会有所不同。此外，用餐礼仪也是一个重要方面，英语国家在西餐用餐时有着特定的礼仪，如餐具的使用方法、用餐的顺序等。原因是不同文化的社会习俗和价值观决定了其礼仪规范的差异。英语国家的礼仪规范往往受到其历史传统、社会阶层等因素的影响，反映了他们对社交场合的秩序和尊重的重视。学习者应该学习英语国家的礼仪规范，尤其是在正式场合和社交活动中的礼仪。可以通过参加礼仪培训课程、阅读相关的礼仪书籍等方式来提升自己的礼仪素养。在参加英语交流活动或与英语国家的人交往时，要注意遵循他们的礼仪规范，从着装、言行举止等方面展现出对对方文化的尊重。同时，在交流中如果对某些礼仪规范存在疑问，可以礼貌地向对方请教，以避免因礼仪不当而破坏沟通氛围。

四、应对策略：跨越文化差异，促进有效英语沟通

（一）增强文化学习意识

增强文化学习意识是跨越文化差异、促进有效英语沟通的基础。如果对英语国家的文化缺乏了解，就很容易在沟通中出现误解或不恰当的表达。例

如，不了解英语国家的节日文化，可能在相关节日的交流中显得很无知。

文化是语言的灵魂，语言是文化的载体。只有深入了解英语国家的文化，才能真正理解英语语言的内涵和正确运用英语进行沟通。不同的文化背景塑造了人们不同的思维方式、价值观和行为习惯，这些都会在语言中体现出来。

解决方法：学习者要主动去接触和学习英语国家的文化。可以通过阅读英语国家的经典文学作品来感受其文化底蕴，比如阅读《简·爱》《傲慢与偏见》等。在阅读过程中，不仅可以学习到语言知识，还能了解到当时的社会风貌、人们的生活方式和价值观念。观看英语电影和电视剧也是一个很好的途径，从中可以直观地观察到英语国家人们的日常交流、礼仪习惯和文化习俗。还可以收听英语广播，了解英语国家的时事新闻和文化动态。在学习过程中，要注意积累与文化相关的词汇和表达，比如"Thanksgiving"（感恩节）、"Halloween"（万圣节）等节日词汇，以及"mind your manners"（注意礼貌）等礼仪表达。

（二）提升语言运用灵活性

提升语言运用的灵活性是促进有效英语沟通的关键。在跨文化交流中，由于文化差异的存在，同一种语言在不同的文化背景下可能有不同的用法和含义。如果语言运用不够灵活，可能会导致沟通不畅或误解。

语言是随着文化的发展而不断变化的，不同的文化场景和交流对象会对语言的运用产生影响。英语在不同的国家和地区也会存在一些差异，比如美式英语和英式英语在词汇、发音、语法等方面都有不同之处。

解决方法：学习者要不断丰富自己的语言知识，不仅要掌握基本的词汇和语法，还要了解英语的各种变体和习惯用法。可以通过阅读不同类型的英语材料，如不同国家的英语报纸、杂志、小说等，来接触不同风格的英语。在口语表达中，要敢于尝试不同的表达方式，根据交流的情境和对象选择合适的语言。例如，在正式场合使用较为规范和礼貌的语言，而在非正式场合可以使用更加轻松、随意的表达。同时，要注意语言的得体性，避免使用过于生僻或不恰当的词汇和表达。在写作方面，要学会根据不同的写作目的和读者对象调整文章的风格和内容。

（三）加强实践交流能力

加强实践交流能力是实现有效英语沟通的最终途径。无论学习了多少文化知识和语言技巧，如果没有实际的交流经验，仍然难以真正跨越文化差异进行有效的沟通。

原因在于实践交流是检验和提升沟通能力的唯一途径。只有在真实的交流场景中，才能亲身体验到文化差异带来的挑战，也才能不断地调整和改进自己的沟通方式。

解决方法：在交流过程中，要注意倾听对方的意见和反馈，及时反思自己的沟通效果，总结经验教训。还可以参加一些模拟跨文化交流的活动，如角色扮演、情景模拟等，提前预演可能遇到的文化差异问题，提高自己的应对能力。同时，要保持积极的学习态度，不断从实践交流中汲取营养，提升自己的英语沟通水平。

第三节 跨文化英语沟通中的障碍与应对策略

一、语言障碍的深层剖析与克服方法

（一）词汇量匮乏的影响及应对

词汇量匮乏是语言障碍的一个重要方面。英语拥有庞大的词汇体系，缺乏足够的词汇储备会极大地限制语言的表达和理解。例如，在阅读英语文章时，如果遇到大量不认识的单词，就很难准确把握文章的主旨和细节；在进行口语交流时，可能因为找不到合适的词汇而无法清晰地表达自己的想法。

词汇是语言的基本单位，是构建语言表达和理解的基石。如果词汇量不

足，就如同盖房子缺少了砖块，无法构建起完整的语言结构。

解决方法：要扩充词汇量，首先需要制定科学的学习计划。可以每天设定一定的时间专门用于词汇学习，比如早上背诵新单词，晚上复习当天及之前学过的词汇。在学习词汇时，要结合多种方法。比如利用联想法，将新单词与已知的单词或事物联系起来，加深记忆。像"apple"（苹果），可以联想到"banana"（香蕉）、"fruit"（水果）等相关词汇。还可以运用词根词缀法，了解常见的词根和词缀的含义，这样可以帮助推测陌生单词的意思。例如，"un-"表示"不，非"，"happy"（高兴的）加上"un-"就变成了"unhappy"（不高兴的）。

（二）语法知识薄弱的问题及改进

语法知识薄弱也是导致语言障碍的常见原因。语法规则是构建语言结构的框架，如果对语法掌握不扎实，就会出现句子结构混乱、表达不准确等问题。比如在写作中，可能会因为不清楚时态、语态的正确用法而出现语法错误；在听力理解中，可能会因为语法知识不足而难以理解复杂的句子结构。

语法是语言的规则和规律，它规范了词汇的组合和排列方式，决定了语言表达的准确性和逻辑性。不同的语言有不同的语法体系，英语语法相对复杂且具有一定的特殊性。

解决方法：加强语法学习需要系统地梳理语法知识。可以选择一本权威的语法教材，从基础的语法概念开始逐步深入学习。在学习过程中，要注重理论与实践相结合。通过大量的语法练习题来巩固所学知识，同时在阅读和写作中注意运用所学的语法规则。对于容易混淆的语法点，要进行对比分析，找出它们的差异和适用场景。例如，现在完成时和一般过去时，虽然都与过去的事情有关，但用法和含义有所不同。现在完成时强调过去的行为对现在的影响，而一般过去时只强调过去某个时间发生的行为。如"I have read this book."（我已经读过这本书了）强调读完这本书对现在的影响；"I read this book yesterday."（我昨天读了这本书）只是说明昨天发生了读书这个动作。

（三）发音不准确的困境及矫正

发音不准确会给语言沟通带来很大的障碍。如果发音不正确，可能会导致对方难以理解自己的意思，甚至产生误解。例如，某些元音或辅音的发音错误，可能会使单词的意思发生改变。

发音是语言的外在表现形式，不同的语言有不同的发音体系和发音规则。英语的发音受到多种因素的影响，包括音标、重音、连读、弱读等。

解决方法：要改善发音，首先要学习正确的音标。掌握每个音标的发音方法和发音部位，可以通过观看发音教程视频、听取标准的发音示范等方式来学习，然后进行大量的发音练习，可以模仿英语原声材料，如英语电影、英语广播等。在练习过程中，注意模仿原声的语调和节奏。同时，要注意重音和连读、弱读等语音现象。比如在"photograph"这个单词中，重音在第一个音节；"I'm going to"在口语中通常会连读成"I'm gonna"。还可以参加英语口语培训课程，接受专业的发音指导。

（四）语言思维差异的障碍及适应

语言思维差异也是造成语言障碍的一个深层次因素。英语和汉语属于不同的语系，其背后的思维方式存在很大差异。例如，英语注重逻辑和分析，句子结构通常比较严谨；而汉语更强调意合，表达相对灵活。这种思维方式的差异会体现在语言表达和理解上。

语言和思维相互依存、相互影响。不同的文化背景和思维模式塑造了不同的语言表达方式。

解决方法：为了适应英语的语言思维，需要进行大量的英语阅读和写作训练。在阅读英语文章时，要分析文章的逻辑结构和论证方式，逐渐培养英语的思维习惯。在写作时，尽量按照英语的思维方式组织句子和段落，注意句子之间的逻辑关系和连贯性。同时，在日常交流中，要尝试用英语进行思考，而不是先在脑海中形成汉语表达再翻译成英语。可以通过记英语日记、参与英语演讲等方式来锻炼英语思维能力。例如，在描述一件事情时，按照英语的习惯先点明主题，再进行具体的阐述和分析，而不是像汉语那样可能会先进行一些铺垫和背景介绍。

二、非言语沟通在跨文化英语交流中面临的挑战与解决方式

（一）肢体语言的差异与应对

肢体语言在跨文化英语交流中存在显著差异，这构成了一个重要的挑战。不同文化背景下，相同的肢体动作可能具有完全不同的含义。比如点头这一动作，在大多数文化中通常表示同意或认可，但在一些地区，点头的含义可能并非如此。再如，竖起大拇指，在许多英语国家通常表示赞扬或肯定，但在某些文化中，它可能具有冒犯性或其他特殊含义。

不同文化在长期的历史发展和社会演进过程中形成了独特的肢体语言体系。这些差异源于文化价值观、社会习俗、宗教信仰等多种因素的综合影响。例如，在一些文化中，人们更倾向于用肢体语言来辅助表达情感和态度。而在另一些文化中，肢体语言的使用相对较为克制。

解决方法：要应对肢体语言的差异，首先需要加强对不同文化肢体语言的学习和了解。可以通过阅读相关的文化书籍、学术研究资料，观看跨文化交流的纪录片等途径来积累知识。在实际交流中，保持敏锐的观察力，注意观察英语国家人士的肢体语言习惯，并与自身的文化习惯进行对比和分析。当不确定某个肢体动作的含义时，不要轻易做出判断，而是通过友好的沟通和询问来澄清。同时，要注意调整自己的肢体语言，使其符合英语国家的文化规范。例如，在与英语国家的人交流时，保持适当的眼神交流，避免过度的肢体接触，以免引起对方的不适。

（二）面部表情的误读与修正

面部表情在跨文化英语交流中也容易导致误读。不同文化对于面部表情的理解和运用存在差异。例如，微笑在大多数文化中都表示友好和善意，但在某些特定情境下，微笑的含义可能会有所不同。同样，皱眉在一些文化中可能表示困惑或思考，而在另一些文化中可能被视为不满或生气。

不同的文化背景塑造了人们对面部表情的解读方式。不同文化中对于情感的表达和认知存在差异，这使得面部表情在跨文化交流中具有不确定性。而且，面部表情往往是微妙的，容易受到个人主观因素和文化背景的双重影响。

解决方法：为了避免面部表情的误读，需要深入了解英语国家对面部表情的文化解读。可以通过与英语国家的人进行面对面的交流，观察他们在不同情境下的面部表情变化，以及这些表情所传达的真实含义。同时，要学会控制和调整自己的面部表情，使其更符合英语国家的文化习惯。在交流中，注意观察对方的面部表情反馈，根据对方的反应来调整自己的沟通方式和语言表达。例如，如果发现对方对自己的某个面部表情产生了误解，要及时进行解释和说明，以消除误会。此外，还可以参加跨文化交流培训课程，专门学习面部表情在不同文化中的差异和应对策略。

（三）时间观念的差异与适应

时间观念在跨文化英语交流中同样具有重要意义，不同文化的时间观念存在差异。在一些英语国家，人们非常注重时间的准确性和效率，准时被视为一种重要的礼仪和尊重，而在其他一些文化中，时间观念可能相对更加灵活，对迟到或延迟有更高的容忍度。

文化价值观和社会习俗对时间观念的形成产生了深远的影响。英语国家的工业化和现代化进程较早，时间观念受到商业文化和工作效率的影响，强调时间的精确性和计划性，而在一些传统文化氛围浓厚的地区，时间观念可能更受人际关系和社会情境的影响。

解决方法：为了适应不同的时间观念，需要了解英语国家的时间文化。在与英语国家的人进行交流或合作时，要严格遵守约定的时间，尽量做到准时。在安排活动或会议时，要提前做好时间规划，预留足够的时间来应对可能出现的意外情况。同时，要理解和尊重对方的时间观念，如果对方对时间有严格的要求，要调整自己的行为和安排以符合对方的期望。当与具有不同时间观念的人交流时，要保持耐心和理解，避免因为时间观念的差异而产生冲突或误解。可以通过与英语国家的人共同参与时间相关的活动，如按时参加会议、遵守活动的时间安排等，来逐渐适应他们的时间观念。

三、文化背景与认知差异导致的误解与冲突

（一）价值观差异引发的沟通偏差

价值观的差异是导致文化背景与认知差异，进而引发误解与冲突的一个关键因素。不同文化背景下的人们往往具有不同的核心价值观，这些价值观会深刻地影响他们的思维方式、行为模式以及对事物的判断标准。在文化的形成和发展过程中，不同的历史、社会、经济等因素塑造了各自的价值观体系，在长期的社会生活和教育传承中，这些价值观被不断强化，成为人们内在的认知和行为准则。在跨文化交流中，要保持开放和包容的心态，尊重对方的价值观，避免以自己的价值观为标准去评判他人。当遇到价值观冲突时，要学会换位思考，尝试从对方的文化背景和价值观出发去理解其观点和行为。同时，在表达自己的观点时，要注意方式方法，尽量以客观、理性的态度进行沟通，避免因价值观的差异而引发不必要的冲突。

（二）社会习俗差异导致的交流障碍

社会习俗的差异也是文化背景与认知差异带来误解与冲突的重要方面。社会习俗涵盖了日常生活中的各个方面，包括礼仪规范、节日庆典、饮食习惯、社交方式等。在饮食方面，英语国家有其独特的用餐礼仪和饮食习惯，如使用刀叉的方法、用餐的顺序等。这是因为社会习俗是一个社会长期以来

形成的约定俗成的行为规范和传统习惯,它反映了一个民族或群体的生活方式和文化特色。不同的地理环境、历史发展、宗教信仰等因素共同作用,造就了不同文化之间社会习俗的差异。在跨文化交流中,要提前做好准备,了解交流对象的社会习俗,避免因不了解而做出不恰当的行为。当遇到社会习俗方面的差异时,要保持尊重和理解的态度,入乡随俗,尽量按照对方的社会习俗进行交流和互动。同时,也要善于分享自己的社会习俗,促进相互之间的了解,减少因社会习俗差异而产生的误解。

(三)思维方式差异引起的理解偏差

思维方式的差异同样会在文化背景与认知差异中引发误解与冲突。不同文化背景下的人们往往具有不同的思维模式,这会直接影响他们对信息的处理、分析和表达。比如英语国家的人们通常具有较强的逻辑思维和分析能力,在表达观点时往往比较直接、明确;而在东方文化中,人们更倾向于整体思维和含蓄表达,注重人际关系和情感因素。这是因为思维方式的形成与文化的深层结构和教育体系密切相关。不同的文化传统和教育理念培养了不同的思维习惯和方式。英语国家的教育注重培养学生的独立思考和逻辑推理能力,而东方文化的教育更强调集体意识和情感体验。在交流中,要学会适应对方的思维方式,当与英语国家的人交流时,要尽量做到表达直接、清晰,避免过于含蓄和模糊;当对方的表达比较直接时,也不要误解为不礼貌或冒犯。另一方面,要不断提高自己的思维灵活性,学会在不同的思维方式之间切换和调整。

(四)宗教信仰差异带来的观念冲突

不同的宗教信仰有着不同的教义、仪式和价值观,这些都会对人们的认知和行为产生深远的影响。比如在一些宗教文化中,某些行为或言论可能被视为禁忌,而在其他文化中可能并不存在这样的限制。这是因为宗教信仰是一个文化中最为核心和敏感的部分,它与一个民族或群体的历史、文化、心理等紧密相连。不同的宗教信仰在长期的发展过程中形成了各自独特的体系和规范，这些差异在跨文化交流中容易引发观念上的冲突。在跨文化交流中，要避免对他人的宗教信仰进行不恰当的评价，尊重对方的宗教信仰。当涉及宗教信仰相关的话题时，要保持谨慎和敏感的态度，避免因不当言论而引发冲突。同时，要加强自身的文化素养和跨文化沟通能力，学会在尊重不同宗教信仰的基础上，寻求共同的价值观和利益点。

四、构建跨文化英语沟通的桥梁

（一）提升语言运用能力

提升语言运用能力是构建跨文化英语沟通桥梁的关键环节。语言是沟通的工具，只有具备良好的语言运用能力，才能准确、流畅地表达自己的想法和理解对方的意思。英语语言具有丰富的词汇、多样的语法结构和复杂的表达方式，如果语言运用能力不足，就容易出现表达不准确、理解不到位的情况。

语言的掌握不仅仅是词汇和语法的积累，还包括对语言背后文化内涵的理解和运用。不同的文化背景会赋予语言不同的含义和用法。只有深入理解这些，才能在跨文化沟通中灵活运用语言。

要提升语言运用能力，一方面要加强英语基础知识的学习，包括词汇、语法、发音等。可以通过背诵单词、学习语法规则、模仿英语原声等方式来提高语言的准确性和流利度。另一方面，要注重语言的实践运用，多与英语母语者进行交流，在实际交流中不断积累经验，提高语言的适应性和灵活性。同时，要学习英语国家的常用表达方式、习语和俗语等，了解这些语言在特定文化背景下的含义和用法，使自己的语言更加地道。例如，在表达感谢时，除了"Thank you."，还可以根据不同的情境使用"Thanks a lot.""I really appreciate it."等表达方式。

（二）培养跨文化交际意识

培养跨文化交际意识对于构建跨文化英语沟通桥梁至关重要。跨文化交际意识是指在跨文化沟通中能够自觉地意识到文化差异的存在，并能够主动地调整自己的沟通策略和行为方式以适应不同文化的要求。如果不具备跨文化交际意识，就容易按照自己的文化习惯和思维方式去理解和处理跨文化沟通中的问题，从而导致沟通失败。

不同文化之间的差异会导致人们在沟通目的、沟通方式、沟通风格等方面存在差异。只有具备跨文化交际意识，才能在沟通中尊重对方的文化习惯，理解对方的沟通意图，从而实现有效的沟通。

培养跨文化交际意识需要从多个方面入手。首先，要树立平等、尊重、包容的文化观念，摒弃文化偏见和歧视。其次，要学习跨文化交际的理论和知识，了解不同文化之间的沟通特点和规律。在与英语国家的人交流时，要注意观察对方的沟通方式和行为习惯，分析其背后的文化因素，并据此调整自己的沟通策略。例如，在英语国家的商务谈判中，要了解他们注重效率、直接表达的沟通风格，避免过于含蓄和委婉。同时，要不断反思自己在跨文化沟通中的表现，总结经验教训，提高跨文化交际的能力。

（三）建立文化交流平台

建立文化交流平台是构建跨文化英语沟通桥梁的有效途径。文化交流平台可以为不同文化背景的人们提供一个相互交流、相互学习的机会，促进文化的传播和融合。在跨文化英语沟通中，文化交流平台可以帮助人们更好地了解对方的文化，增进彼此之间的信任和理解。

文化交流平台可以打破地域和文化的限制，让人们在一个开放、包容的环境中进行交流和互动。通过文化交流平台，人们可以分享自己的文化体验和见解，学习其他文化的优秀成果，从而丰富自己的文化内涵，提高跨文化沟通的能力。

要建立文化交流平台，可以从多个方面入手。学校可以组织英语角、国际文化节等活动，为学生提供一个跨文化交流的场所。社会机构可以举办国际文化交流论坛、文化讲座等活动。互联网也可以成为一个重要的文化交流平台，通过在线英语学习社区、社交媒体等渠道，人们可以与世界各地的英语学习者和英语母语者进行交流和互动。

第三章 跨文化英语听力与理解技巧

第一节 跨文化英语听力障碍的深度剖析

一、语言层面的障碍：词汇障碍与发音差异

（一）词汇障碍的形成与影响

词汇障碍在语言学习中是一个常见的问题。在英语学习中，词汇障碍首先源于英语词汇量的庞大和复杂。英语拥有丰富的词汇，包括大量的基础词汇、专业词汇、俚语、习语等。新的词汇不断产生，旧的词汇也可能会随着时间的推移而产生新的含义或用法。

英语是一门应用广泛的全球性语言，随着不同地区、不同领域的交流和发展，词汇也在不断地演变。而且，英语从其他语言中吸收了大量词汇，这使得词汇的来源更加多样化。例如，英语中有许多来自法语、拉丁语、希腊语等语言的词汇，它们的拼写和发音规则可能与英语的本土词汇有所不同。

词汇障碍会对英语学习和交流产生多方面的影响。在阅读中，如果遇到大量不认识的词汇，会严重影响对文章的理解，导致阅读速度减慢甚至无法理解文章的主旨。在写作中，词汇量不足会限制表达的准确性，难以准确传达自己的想法和观点。在听力和口语交流中，不熟悉的词汇会导致无法理解对方的意思或者无法准确表达自己的意思。

为了克服词汇障碍，需要采取多种方法。首先，要制订科学的词汇学习

计划，坚持每天学习一定数量的新词汇。可以通过阅读英语文章、观看英语电影、听英语广播等多种途径来积累词汇。同时，要学会利用词汇学习工具，如词典、词汇书等。在学习词汇时，不仅要记住单词的基本含义，还要了解其常见的搭配、短语和习语，提高词汇运用的准确性和灵活性。

（二）词汇学习的策略与技巧

要有效克服词汇障碍，掌握正确的词汇学习策略和技巧是关键。一种有效的方法是通过语境学习词汇。语境包括词汇所在的句子、段落、文章以及实际的交流场景等。在语境中学习词汇，可以更好地理解词汇的含义和用法，避免孤立地记忆单词。

例如，在阅读一篇英语文章时，遇到一个新的词汇，可以根据文章的上下文来猜测词汇的大致含义。如果文章中描述了一个人在"gloomy"的心情下做某件事情，通过对前后文的理解，可以推测出"gloomy"可能表示"沮丧的""阴沉的"等意思。此外，还可以通过分析词汇的词根、词缀来帮助记忆和理解词汇。许多英语词汇都由词根和词缀构成，掌握常见的词根和词缀，可以帮助推测出一些生词的含义。

另一个重要的技巧是分类记忆词汇。可以按照词汇的主题、词性、用途等进行分类。比如，将表示颜色的词汇归为一类，将动词、名词、形容词等不同词性的词汇分别归类，或者将用于商务、科技、日常生活等不同领域的词汇进行分类。这样有助于建立词汇之间的联系，提高记忆效率。同时，要注重词汇的复习和巩固。可以定期回顾所学的词汇，通过词汇测试、写作练习、口语表达等方式来强化记忆，避免遗忘。

（三）发音差异的根源与表现

发音差异也是英语学习中的一个重要障碍。英语发音存在着地区性的差异，不同的英语国家和地区，如英国、美国、澳大利亚等，在发音上都有各自的特点。例如，英式英语和美式英语在元音、辅音的发音以及重音、语调等方面都存在一定的差异。

这主要是受历史、地理、文化等多种因素的综合影响。英语在不同的国家和地区经历了不同的发展过程，受到当地语言和文化的影响，逐渐形成了各自独特的发音特点。此外，即使在同一个国家或地区，不同的社会群体、方言区域也可能存在一定的发音差异。

发音差异在英语学习中主要表现在多个方面：首先是元音和辅音的发音不同。比如，在某些地区，"r"音的发音比较明显，而在另一些地区则相对弱化。其次是重音和节奏的差异。不同的重音位置和节奏会导致单词和句子的发音听起来有很大的不同，甚至可能影响对单词和句子含义的理解。再次是语调的差异。语调的起伏变化在不同的英语变体中有所不同，它不仅影响句子的语气和情感表达，也与语言的交际功能密切相关。

（四）发音训练的方法与途径

为了克服发音差异带来的障碍，学习者需要进行系统的发音训练。首先，可以通过模仿来提高发音水平。选择标准的英语发音材料，如英语原声电影、广播、有声读物等，仔细聆听并模仿其中的发音。还要注意模仿语音的准确性、语调的起伏以及节奏的把握。

其次，学习国际音标是一个重要的方法。国际音标是一套标准化的符号系统，用于准确表示各种语言的发音。通过学习国际音标，可以更清楚地了解英语发音的原理和规则，帮助纠正发音错误。同时，可以参加发音培训课程或请教专业的英语教师，他们可以提供针对性的指导和反馈，帮助发现和纠正发音中的问题。

此外，要注重发音的自我评估和纠正。可以使用录音设备记录自己的发音，然后与标准发音进行对比，找出差异和不足之处，有针对性地进行改进。在日常交流中，要勇于开口说英语，不要害怕犯错，通过不断的实践和练习来提高发音的准确性和流利度。同时，要了解英语发音中的连读、弱读、同化等语音现象，掌握这些技巧可以使发音更加自然、流畅。

二、文化层面的障碍：语境陌生与习俗不解

（一）语境陌生的成因与影响

语境陌生在跨文化英语沟通中是一个常见的障碍。语境包含了语言使用的时间、地点、场合、对象以及社会文化背景等众多因素。在英语文化中，由于不同的历史、社会和文化背景，其语境与其他文化存在显著差异。

英语国家有着自己独特的历史发展轨迹和社会结构。例如，英国的历史经历了罗马统治、盎格鲁—撒克逊时期、诺曼征服等阶段，这些历史事件对英语语言和文化的形成产生了深远影响。美国则是一个移民国家，融合了来自世界各地的文化元素，形成了多元的社会文化语境。

语境陌生会对英语沟通产生多方面的影响。在理解英语文本时，如果不熟悉相应的语境，可能会误解词汇和句子的真正含义。比如"break a leg"这个短语，从字面意思看是"打断一条腿"，但在英语语境中，它实际上是一种祝福，意为"祝你好运"。在口语交流中，不了解语境可能导致交流障碍和误解。例如在某些正式场合，如果使用了过于随意的语言，就可能会被视为不恰当或不尊重。

解决语境陌生的问题，需要深入了解英语国家的历史、社会和文化背景。可以通过阅读英语国家的历史书籍、文学作品、观看相关的电影和纪录片等方式来拓宽自己的文化视野，增强对语境的感知和理解。在学习英语的过程中，要注重结合具体的语境来学习词汇和语法，而不是孤立地记忆。比如学习"pub"（酒吧）这个单词时，要了解它在英国文化中的地位和人们在酒吧中的社交习惯等相关语境信息。

（二）增强语境感知的方法

要克服语境陌生的障碍，需要掌握一些增强语境感知的方法。一种有效的方法是通过文化对比来加深对语境的理解。将英语文化与自己所熟悉的文化进行对比，找出其中的差异和相似之处。

例如，在问候方式上，中国人见面常常会问"你吃了吗？"，而在英语国家，人们更常使用"How are you?""Nice to meet you."等问候语。通过对比，可以更好地理解英语问候语背后的语境和文化内涵。

同时，在阅读英语文章和观看英语影视作品时，要注意分析其中的语境因素。比如注意故事发生的背景、人物之间的关系、交流的场合等，通过这些细节来推断词汇和句子的含义以及作者想要传达的信息。例如在观看一部英国历史剧时，了解当时的历史背景和社会风貌，就能更好地理解剧中人物的对话和行为所蕴含的意义。

（三）习俗不解的根源与障碍

习俗不解也是文化层面的一个重要障碍。英语国家的习俗涵盖了日常生活的各个方面，包括社交礼仪、节日庆典、饮食习惯等。习俗的形成与英语国家的宗教信仰、历史传统、价值观等密切相关。

例如，在基督教文化影响下，英语国家有许多与基督教相关的节日和习俗，如圣诞节、复活节等。在社交礼仪方面，英语国家通常有较为严格的餐桌礼仪，如餐具的使用方法、用餐的顺序等。

习俗不解会在跨文化沟通中造成障碍。在社交场合中，如果不了解对方的习俗，可能会做出不恰当的行为，导致误解。比如在英国，去别人家做客时通常需要提前预约并按时到达，如果未经预约直接拜访，可能会被视为不礼貌。在商务交往中，不同的习俗也可能影响合作的顺利进行。例如，在一些英语国家，商务谈判中的直接拒绝可能被视为不礼貌，人们更倾向于委婉地表达自己的意见。

（四）适应文化习俗的策略

要适应英语国家的文化习俗，需要采取一些有效的措施。

首先，要保持开放和尊重的态度。尊重英语国家的文化习俗，不要轻易对其进行评判或指责。即使某些习俗与自己所熟悉的文化存在差异，也要尝试理解和接受。

其次，在与英语国家的人交往时，要注意观察和学习他们的行为方式和习俗习惯。比如在参加英语国家的聚会时，观察他们的着装要求、交流方式、礼仪规范等，并以此为参考调整自己的行为。

另外，在跨文化沟通中，如果对某些习俗不确定或存在疑问，可以主动询问对方，以避免因误解而产生不必要的麻烦。例如在面对一道不熟悉的英国美食时，可以礼貌地询问其食用方法和相关习俗。同时，要不断反思自己在跨文化交往中的行为和表现，总结经验教训，逐步提高自己适应英语国家文化习俗的能力。

三、策略缺失的困境：缺乏有效的听力技巧

（一）预测能力不足的影响与根源

在英语听力中，预测能力不足是一个常见的问题。预测能力指的是在听力过程中，根据已知的信息和背景知识，对接下来可能听到的内容进行合理推测的能力。缺乏这种能力会对听力理解产生很大的影响。

如果不能进行有效的预测，听力过程就会变得被动。例如在听一段英语新闻报道时，如果没有提前根据新闻标题或已知的相关背景知识进行预测，可能会在听到具体内容时感到茫然，难以迅速抓住关键信息。比如听到"stock market"（股票市场）这个短语，如果没有预测，就可能在听到具体信息时反应不过来。

造成预测能力不足的原因主要有两方面：一方面是对听力材料的背景知识了解不够。比如对于一些特定领域的听力内容，如科技、经济等，如果缺乏相关领域的知识，就很难做出准确的预测。另一方面是缺乏对英语语言结构和听力规律的掌握。例如不知道英语文章通常的结构和逻辑关系，就难以根据开头的内容预测后续的发展。

为了提高预测能力，首先要丰富自己的背景知识。可以通过阅读相关领

域的英语文章、观看英语纪录片等方式来积累知识。其次，要学习英语语言的结构和听力技巧。了解英语文章常见的开头方式、过渡词、结尾特点等，以便在听力过程中根据这些线索进行预测。例如，听到"however"（然而）这样的转折词时，就可以预测后面的内容会与前面的内容形成对比或转折。

（二）记笔记方法不当的问题与分析

在英语听力中，记笔记方法不当也是一个突出的问题。有效的笔记可以帮助记忆和理解听力内容，但如果方法不当，反而会影响听力效果。

一些常见的记笔记方法不当的表现包括：记录过于详细，导致在记录的过程中错过了后续的重要信息；或者记录过于随意，没有条理，在回顾笔记时难以理解。例如在听一段英语讲座时，如果试图把听到的每一个单词都记录下来，就会分散注意力，影响对整体内容的理解。还有的人在记录时没有使用合适的符号和缩写，导致记录速度过慢。

导致这一问题的原因主要是缺乏对笔记方法的系统学习和训练。很多人没有掌握有效的记笔记技巧，不知道如何在不影响听力的前提下进行快速、准确的记录。另外，对听力材料的结构和重点把握不准确，也会导致笔记记录的混乱。

解决记笔记方法不当的问题，首先要学会筛选信息。在听力过程中，只记录关键信息，如主题、主要观点、重要的细节等。可以通过识别关键词、主题句来确定需要记录的内容。其次，要掌握一些常用的笔记符号和缩写方法。比如用"&"表示"and"（和），"govt"表示"government"（政府）等，以提高记录速度。同时，要根据听力材料的结构进行记录。比如对于有明确层次结构的文章，可以按照层次分别记录。例如在听一篇对比两种观点的英语议论文时，可以分别记录两种观点的要点和论据。

（三）注意力难以集中的原因与后果

在英语听力中，注意力难以集中是一个普遍存在的问题。注意力不集中会导致遗漏重要信息，影响对听力内容的整体理解。

造成注意力难以集中的因素有很多。一方面，听力材料本身的难度可能会影响注意力。如果听力材料语速过快、词汇和语法过于复杂，就容易让人产生疲劳和分心。例如当听到一段充满生僻词汇和复杂句子结构的英语演讲时，可能会因为理解困难而导致注意力分散。另一方面，外部环境因素也会干扰注意力，如周围的噪音、自身的心理状态等。如果在一个嘈杂的环境中听英语，或者因为紧张、焦虑等情绪而无法集中精力，都会影响听力练习的效果。

为了提高注意力，可以采取一些措施。首先，要尽量创造一个安静、舒适的听力环境，减少外部干扰。其次，在听之前要调整好自己的心态，保持放松和专注。可以通过深呼吸、简单的放松练习等方式来缓解紧张情绪。此外，在听力练习过程中要学会自我提醒和调整。当发现自己走神时，要及时把注意力拉回来。可以通过重复默念听力的主题或者关键信息来保持注意力的集中。例如在听英语故事时，不断提醒自己故事的主角和主要情节，以防止分心。

（四）缺乏整体理解的困境与应对策略

缺乏对听力材料的整体理解也是听力技巧不足的一个表现。很多人在听英语时往往只关注个别单词或句子，而忽略了材料的整体逻辑和意义。

这种情况会导致对听力内容的理解片面或不准确。比如在听一篇英语故事时，如果只记住了一些零散的情节，而没有把握故事的主线和主题，就无法真正理解故事的内涵和意义。在听英语对话时，如果只听懂了对方的个别语句，而没有理解对话的背景和目的，就可能会产生误解。

要解决缺乏整体理解的问题，首先要在听之前对听力材料进行预览。如果是文字材料，可以快速浏览题目、小标题、关键词等；如果是音频材料，可以通过开头的介绍、背景音效等获取一些初步信息。其次，在听的过程中要注意把握材料的整体结构和逻辑关系。学会识别主题句、过渡句等，理解段落之间的联系。例如，在听英语讲座时，注意听开头提出的问题和结尾的总结，以及中间各个要点之间的逻辑推进。再次，要进行定期的听力训练，不断提高自己对不同类型听力材料的整体理解能力。可以选择一些有针对性的听力练习材料，按照由易到难的顺序进行训练，逐步提升自己的听力水平。

第二节　听力策略与技巧的精进之路

一、主动预测与联想：构建听力理解的桥梁

（一）预测在听力开始前的重要性

在听力开始之前进行预测是构建听力理解的关键基础。在正式开始倾听英语材料之前，通过各种线索来预测内容的大致方向和可能涉及的要点，能够让听力过程更加有针对性和高效。例如，当看到听力材料的标题是 "technology and future"（科技与未来）时，就可以预测材料可能会围绕科技对未来生活、工作、社会等方面的影响展开。因为标题往往是对整个材料主题的高度概括，它为我们提供了一个初步的思考方向。

提前进行预测可以调动我们已有的知识储备和背景信息，让大脑处于一种积极准备的状态。我们的大脑在接收新信息时，如果已经有了一些预设的框架，就能够更快地将新信息整合进来，从而提高理解的速度和准确性。比如，如果我们对科技领域有一定的了解，知道当前科技发展的一些趋势，那么在听到相关听力材料时，就能更好地将新信息与已有的知识进行关联，加深对内容的理解。

为了在听力考试开始前有效地进行预测，我们可以从多个方面入手。首先，仔细观察听力材料的标题、副标题、图片等直观信息。这些元素通常都能给我们一些关于材料主题和内容范围的提示。其次，思考自己已有的相关知识和经验。比如对于 "technology and future" 这个主题，回忆自己所了解

的科技发展趋势、未来科技发展的设想等方面的知识，然后，根据材料的类型和来源进行推测。如果是来自科技类的广播节目，可能会更侧重于科技的最新进展和应用；如果是学术讲座，可能会有更深入的理论分析和探讨。通过这些方法，我们可以在听力开始前建立起一个初步的预测框架，为后续的听力理解做好准备。

（二）基于主题和关键词的预测方法

主题和关键词是进行听力预测的重要依据。在英语听力材料中，主题通常是贯穿整个材料的核心思想，而关键词则是能够体现主题和关键信息的重要词汇。例如，在一段关于"environmental protection"（环境保护）的听力材料中，"environment"（环境）、"protection"（保护）、"pollution"（污染）、"sustainable"（可持续的）等就是明显的关键词。

主题和关键词能够帮助我们确定听力材料的焦点。当我们识别出这些信息后，就可以围绕它们进行合理的预测。比如，听到"environmental protection"这个主题，我们可以预测材料可能会涉及环境污染的现状、环境保护的措施、可持续发展的策略等方面的内容。对于关键词"pollution"，我们可以进一步预测会有关于不同类型污染（如空气污染、水污染、噪音污染等）的描述和分析。

在运用主题和关键词进行预测时，首先要学会准确识别它们。在听力材料的标题、开头部分或者问题中通常会出现主题和关键词。我们可以通过快速浏览这些部分来获取信息，然后，根据主题和关键词展开联想。例如，对于"pollution"，可以联想到污染的来源、危害以及解决办法等内容。同时，要注意关键词之间的逻辑关系。比如，如果同时出现"pollution"和"government"（政府），那么很可能会涉及政府在治理污染方面的政策和措施。通过这种方式，我们可以利用主题和关键词构建起一个相对完整的预测体系，为听力理解提供有力的支持。

(三)联想在听力过程中的作用与运用

联想在听力过程中起着至关重要的作用。当我们在倾听英语材料时,通过联想可以将听到的信息与已有的知识、经验和其他相关信息进行连接,从而更好地理解所听到的内容。例如,当听到"apple"(苹果)这个单词时,我们可能会联想到苹果的颜色、形状、味道、营养价值等信息,甚至还可能联想到与苹果相关的故事、谚语或者文化背景。

联想能够帮助我们拓展思维,丰富对听力内容的理解。在英语听力中,很多信息可能是隐含的或者间接表达的,通过联想可以挖掘出这些潜在的信息。而且,联想能够增强信息的记忆效果。当我们将新听到的信息与已有的记忆进行关联时,这些信息就更容易被存储和提取。比如,在听一个关于旅行的英语故事时,如果听到"beach"(海滩)这个单词,我们可以联想到自己曾经在海滩上的旅行经历,这样不仅有助于理解故事中关于海滩的描述,还能加深对整个故事的记忆。

在听力过程中运用联想,首先要保持思维的活跃性。不要局限于听到的字面信息,而要积极地发散思维。比如,当听到一则关于动物的听力材料,不仅能想到动物的基本特征,还可以联想到动物的生活习性、栖息地、与人类的关系等方面的内容。其次,要善于利用自己的生活经验和文化背景知识。不同的文化和生活经历会给我们带来不同的联想角度。例如,对于一个关于西方节日的听力材料,有西方文化背景的人可能会联想到更多的节日习俗和传统,而对于没有相关背景的人,可以通过已有的其他文化知识进行类比和推测。同时,在听力过程中要注意将联想与听力材料的实际内容相结合,避免过度联想导致偏离主题。要根据听到的信息不断调整和修正自己的联想,确保联想的合理性和准确性。

(四)预测与联想的互动提升听力理解

预测和联想在听力理解过程中是相互作用、相互促进的。预测为联想提供了方向和框架，而联想则进一步丰富和验证了预测的内容。例如，在听一段关于"healthy diet"（健康饮食）的听力材料之前，我们通过预测可能会想到一些常见的健康食物，如"vegetables"（蔬菜）、"fruits"（水果）等。在听力过程中，当听到"broccoli"（西蓝花）这个单词时，我们的想象力会立刻被激发，联想到西蓝花的营养价值、烹饪方法等方面的信息，同时也进一步验证了我们之前关于健康食物的预测。

预测激发了我们的好奇心和求知欲，让我们带着问题和期待去倾听，而联想则让我们能够更深入地理解所听到的信息，将孤立的信息点连接成一个有机的整体。通过预测和联想的互动，我们可以不断调整和完善自己对听力内容的理解，提高听力的效率。

为了充分发挥预测和联想的互动作用，我们需要在听力过程中保持灵活的思维。当新的信息出现时，要及时根据这些信息调整预测和联想的方向。如果预测与实际听到的内容有偏差，要迅速进行修正。同时，要注意将预测和联想的结果与听力材料的整体逻辑和主旨相结合。不能仅仅局限于对某个单词或句子的理解，而是要从整体上把握材料的意义。例如，在听一篇英语议论文时，通过预测和联想理解每个段落的要点后，还要将这些要点整合起来，分析文章的论证结构和观点立场。此外，要不断进行练习和反思。通过大量的听力练习，逐渐提高预测和联想的准确性，并且在每次练习后，回顾自己在预测和联想过程中的得失，总结经验教训，不断优化听力理解的策略。

二、精听与泛听的平衡：深化与拓宽听力能力

（一）精听对听力能力提升的关键作用

精听在提升听力能力方面起着至关重要的作用。精听是指对听力材料进行细致、深入的聆听和分析，旨在捕捉每一个细节、理解每一个单词和句子的含义以及语音语调的变化。例如，当我们进行英语新闻的精听时，会专注于新闻主播的发音、语速、重音以及用词习惯等。

精听能够帮助我们建立扎实的语言基础。通过反复聆听同一段材料，我们可以逐渐熟悉英语的语音、语调、连读、弱读等发音规则，从而提高对语音的敏感度。比如，在精听过程中，我们会注意到"an apple"中"an"和"apple"之间的连读现象，理解这种发音规则对于准确理解听力内容至关重要。同时，精听有助于我们扩大词汇量。在精听时，遇到不认识的单词可以及时查阅并记录下来，结合语境理解其含义和用法，这样能够丰富我们的词汇储备。而且，精听能够提升我们对语法结构的理解。通过分析听力材料中的句子结构，我们可以更好地掌握英语的语法规则，提高对复杂句子的理解能力。

为了有效地进行精听，要选择合适的听力材料。可以从简单的英语短文、故事或者对话开始，逐渐过渡到难度较大的新闻、学术讲座等。在听的过程中，要重复聆听。第一遍可以先整体了解材料的大致内容，第二遍开始逐句听，听清楚每一个单词和句子，遇到不懂的地方暂停下来，查阅资料或者反复听几遍直到理解。同时，要进行听写练习。听完一句后，尝试将其完整地写下来，然后与原文对照，找出错误和不足之处，加以改进。此外，还可以对听力材料进行跟读，模仿材料中的语音、语调、语速，这样不仅能够提高听力水平，还能提高口语表达能力。

（二）泛听在拓宽听力视野方面的意义

泛听对于拓宽听力视野具有重要意义。泛听强调广泛地接触各种类型的听力材料，不追求对细节的完全理解，而是注重整体的感知和对不同语境、话题的熟悉。比如，我们可以通过收听英语广播、观看英语电影、听英语歌曲等方式进行泛听。

泛听能够让我们置身于丰富多样的语言环境中，接触到不同口音、语速、表达方式和话题内容。通过泛听英语广播，我们可以听到来自不同地区的主播发音，了解不同的英语口音特点。观看英语电影时，我们可以感受各种真实的语言场景和文化背景，提高对英语的适应性和理解能力。听英语歌曲则可以让我们在轻松愉快的氛围中接触英语，增强对英语的学习兴趣。

在进行泛听时,要保持积极主动的态度。不要把泛听仅仅当作一种背景声音,而是要用心去感受和捕捉其中的信息。可以选择自己感兴趣的听力材料,这样更容易保持专注和积极性。例如,如果对科技感兴趣,可以选择科技类的英语广播或视频进行泛听。同时,要合理安排泛听的时间和频率。可以利用碎片化的时间,如在上下学路上、做家务时等进行泛听,逐渐增加对英语听力的接触时间。此外,还可以尝试多样化的泛听渠道。除了传统的广播、电视,还可以利用在线音频平台、手机应用等获取丰富的听力资源,拓宽泛听的范围。

(三)精听与泛听的相互促进关系

精听和泛听之间存在着相互促进的关系。精听为泛听提供了坚实的语言基础和理解能力,而泛听则为精听提供了更广阔的语言环境和实践机会。例如,通过精听掌握了一定的词汇、语法和发音规则后,在泛听中就能更好地理解不同材料的大致内容,提高泛听的效果。

精听和泛听能从不同角度提升我们的听力能力。精听注重深度,帮助我们深入理解语言的细节和内在结构;泛听注重广度,让我们接触到更多的语言素材和实际情境。两者相互补充,共同促进听力能力的提升。当我们通过泛听熟悉了各种话题和语境后,在进行精听时就能更好地结合背景知识,更准确地理解听力材料的含义。而且,泛听可以培养我们的语感和听力反应速度,为精听时对细节的捕捉和分析提供支持。

为了充分发挥精听和泛听的相互促进作用,需要合理安排两者的训练计划。可以将精听和泛听交替进行,比如在一周内安排几天进行精听训练,几天进行泛听训练。在精听的基础上,定期进行泛听,将精听中学到的知识和技能运用到泛听中,检验和巩固学习成果。同时,在泛听过程中发现的问题和不足,可以通过精听来有针对性地进行解决和提升。例如,如果在泛听中发现对某个话题的听力理解存在困难,可以选择相关的精听材料进行深入学习和训练,然后再回到泛听中进行实践和检验。

（四）如何在学习中保持精听与泛听的平衡

在英语学习中保持精听和泛听的平衡是非常关键的。

首先要根据自己的学习目标和实际水平来确定精听和泛听的比例。如果是英语初学者，可能需要更多的精听来打好基础，随着水平的提高，逐渐增加泛听的比例。例如，在学习初期，可以将70%的时间用于精听，30%的时间用于泛听；随着能力的提升，可以调整为50%的精听和50%的泛听。

其次，要结合不同的学习阶段和需求进行调整。在准备英语考试期间，可以适当增加精听的时间，针对考试题型和难度进行有针对性的训练；在日常学习中，则要保持一定的泛听量，以维持对英语的语感和熟悉度。例如，在备考英语听力考试的前几周，可以集中进行精听模拟训练，考试结束后恢复正常的精听与泛听平衡。

另外，要定期评估自己的听力水平和进步情况。可以通过一些测试或者自我评估的方式，了解自己在精听和泛听方面的优势和不足，然后根据评估结果调整学习策略。例如，如果发现自己在泛听中对某些话题的理解存在困难，可以增加相关话题的精听训练，提高对该话题的熟悉度和理解能力。同时，要保持耐心和坚持。精听和泛听的平衡需要长期的努力和积累，不能期望在短时间内看到显著效果，要持续不断地进行训练和调整，逐步提升听力能力。

三、笔记艺术：辅助记忆与理解的关键

（一）笔记在听力过程中的必要性

做笔记在英语听力过程中是至关重要的。在听英语材料时，我们的大脑虽然能够处理一定量的信息，但由于听力材料的信息是转瞬即逝的，仅依靠大脑记忆可能会出现遗漏或混淆的情况。例如，当我们在听一段英语讲座时，讲座中可能会涉及多个观点、例子以及相关的数据，如果不做笔记，很可能在讲座结束后无法回忆起所有重要内容。

笔记能够将听到的关键信息记录下来，起到辅助记忆的作用。当我们将重要信息写在纸上或电子设备上时，它就成为了一个外部的存储媒介，为我们后续需要回顾和整理信息时提供可靠的依据。而且，笔记可以帮助我们在听力过程中保持专注。通过动手记录，我们的注意力会更加集中在听力材料上，减少走神和分心的可能性。例如，在记录"important points"（重要观点）的过程中，我们会更加留意与之相关的具体内容。

为了在听力过程中充分发挥笔记的作用，我们应该养成随时做笔记的习惯。在开始听力之前，准备好笔记本或电子笔记工具，确保能够迅速地记录下关键信息。同时，要学会筛选关键信息进行记录，比如主题句、关键词、重要的数字和时间等。当听到"the main idea is..."（主要观点是……）这样的表达时，就应该意识到后面的内容是关键信息，需要及时记录下来。

（二）有效笔记的记录原则与方法

要记录有效的笔记，需要遵循一定的原则和掌握相应的方法。一个重要的原则是简洁。由于听力过程中时间紧迫，我们不可能把听到的所有内容都完整地记录下来，因此笔记应该简洁明了。另一个原则是逻辑条理。笔记应该按照一定的逻辑结构进行记录，这样在后续回顾时才能清晰地理解。比如，可以按照听力材料的层次结构来记录，使用序号或小标题来区分不同的要点。当听力材料是一篇议论文时，可以分别记录正方观点和反方观点，使笔记具有清晰的条理。

在方法方面，可以采用关键词记录法。抓住听力材料中的关键词，这些关键词通常能够概括主要内容或关键信息。例如，听到"climate change"（气候变化）、"impact"（影响）、"solution"（解决方案）等关键词，就可以围绕这些关键词进行记录。还可以运用图表法，对于一些涉及比较、分类或数据的内容，用图表的形式记录会更加直观和清晰。比如，对于不同国家的人口数据，可以用表格的形式进行记录。

（三）笔记对听力理解的强化作用

笔记对听力理解有着显著的强化作用。一方面，笔记可以帮助我们梳理听力材料的结构和逻辑关系。当我们在记录的过程中，会不自觉地对听到的信息进行分类和整理，从而更好地理解材料的整体框架。例如，在听一个关于历史事件的叙述时，我们可以按照事件的起因、经过、结果来记录笔记，这样就能清晰地把握事件的发展脉络。另一方面，笔记可以加深我们对关键信息的记忆和理解。通过将信息记录下来，我们在书写的过程中会对信息进行再次加工和处理，因而强化了大脑对这些信息的记忆。同时，在回顾笔记时，我们可以重新思考和理解这些信息，进一步加深对听力内容的理解。比如，当我们记录下"the cause of the war was..."（战争的原因是……）时，在回顾笔记时可以更加深入地思考这些原因之间的关系和对事件的影响。

为了充分发挥笔记对听力理解的强化作用，在记录完笔记后，要及时进行回顾。可以在听力结束后，利用几分钟的时间快速浏览笔记，补充遗漏的信息，纠正错误的记录。同时，根据笔记的内容，尝试用自己的话对听力材料进行概括和总结，这样可以检验自己对听力内容的理解程度。如果发现有理解不清楚的地方，可以重新听一遍听力材料来加深理解。

（四）针对不同听力材料的笔记策略调整

在面对不同类型的听力材料时，需要相应地调整笔记策略。对于故事类的听力材料，重点应该放在记录故事的人物、情节和关键事件上。比如，当听到一个英语童话故事时，要记录下故事中的主人公、主要情节的发展以及一些重要的转折点。可以用简单的线条或流程图来表示情节的发展过程，这样在回顾时能够快速回忆起故事的全貌。

对于学术讲座类的听力材料，通常会涉及较多的专业术语和复杂的观点。这时，要注意记录讲座的主题、主要观点以及支持观点的论据。可以用不同的符号或颜色来区分不同的观点和论据，以便于后续的复习和整理。例如，用"*"表示重要观点，用"+"表示支持观点。

在新闻报道类的听力材料中，关键信息包括时间、地点、事件和相关人物等。可以按照新闻的结构来记录，先记录新闻的导语部分，即最重要的信息，然后再记录后续的具体内容。同时，对于一些数字和数据要准确记录，因为这些往往是新闻的关键要点。例如，在记录关于经济增长的新闻时，要准确记录增长率、涉及的时间段等数据信息。

四、上下文推断法：词义理解的利器

（一）上下文在词义推断中的基础作用

上下文在英语词义推断中起着至关重要的基础作用。当我们遇到一个不熟悉的单词或短语时，其周围的文本信息往往能够为我们提供理解其含义的线索。例如，在句子"The scientist used a sophisticated instrument to conduct the experiment."（科学家使用了一种精密的仪器来进行实验。）中，我们不知道"sophisticated"的含义，但是通过"instrument（仪器）"以及"conduct the experiment（进行实验）"这些上下文信息，可以推断出"sophisticated"应该是描述仪器具有某种先进、复杂特性的形容词。

语言是在特定的语境中产生和运用的。一个单词的含义往往受到所在的句子、段落甚至整篇文章的影响。在英语中，一个单词往往有多种不同的含义，而具体是哪种含义，需要根据上下文来判断。例如，"bank"这个单词，它可以表示"银行"，也可以表示"河岸"，如果在句子"There is a bank near my house."（我家附近有一家银行）中，根据"near my house"（在我家附近）以及通常银行的分布情况，我们可以推断出这里的"bank"是"银行"的意思；而在句子"We sat on the bank of the river."（我们坐在河岸上）中，结合"river"（河流）这个信息，就能知道这里的"bank"是"河岸"的意思。

为了充分利用上下文进行词义推断，我们需要培养对文本整体的敏感度。

在阅读英语材料时，不要孤立地看待某个单词，而是要把它放在整个句子和段落的背景中去理解。当遇到不认识的单词时，先不要急于查字典，可以尝试从周围的词语、句子结构以及文章的主题等方面去寻找线索。比如，观察单词前后的形容词、动词、介词等，它们可能会对该单词的含义起到提示或限定的作用。

（二）词汇关系对词义推断的辅助意义

词汇关系在词义推断中也具有重要的辅助意义。英语文本中的词汇之间存在着各种关系，如同义关系、反义关系、上下义关系等，这些关系可以帮助我们推断生词的含义。例如，在句子"He is very diligent. His hard work and perseverance are remarkable."（他非常勤奋。他的努力工作和坚持不懈是引人注目的。）中，"perseverance"是一个生词，但是通过前面的"diligent"（勤奋的）和"hard work"（努力工作）以及"and"这个连接词，可以推断出"perseverance"应该是与勤奋、努力相关的积极品质，可能是"坚持不懈""锲而不舍"之类的意思。

同义关系是指两个或多个词语在意思上相近或相同。当我们遇到一个生词时，如果在上下文中发现了与之意思相近的已知词汇，就可以借助这个已知词汇来理解生词的含义。例如，"The weather is fine today. It's sunny and bright."（今天天气很好，阳光灿烂，明亮）中，如果不知道"bright"的含义，但是知道"sunny"（阳光充足的），可以推断出"bright"也应该是描述天气晴朗、明亮的意思。

反义关系则是指词语之间的意义相反。如果在上下文中发现了与生词意义相反的词汇，也可以通过这种对比关系来推断生词的含义。比如，"He is extroverted while his sister is introverted."（他性格外向，而他的妹妹性格内向）中，根据"while"（然而）所表示的对比关系以及"extroverted"（外向的），可以推断出"introverted"是"内向的"意思。

上下义关系是指词汇之间存在包含与被包含的关系。例如，"fruit（水果）"

是上义词,"apple"(苹果)"banana"(香蕉)等是下义词。当我们知道某个上义词的含义时,在上下文中如果出现了下义词,就可以根据这种关系来理解下义词的大致范畴。例如,在句子"I like fruits, especially apples."(我喜欢水果,尤其喜欢苹果)中,通过"fruits"(水果)这个上义词,可以推断出"apples"(苹果)属于水果的一种。

(三)句子结构对词义推断的指引作用

句子结构在词义推断方面同样发挥着重要的指引作用。句子的语法结构和成分之间的关系可以为我们提供理解单词含义的线索。例如,在"The teacher explained the concept clearly. The students understood it without difficulty."(老师清楚地解释了这个概念。学生们毫不费力地理解了它)中,如果不知道"concept"的含义,但是从句子结构来看,"teacher"(老师)"explained"(解释)以及后面提到"students"(学生)"understood"(理解),可以推断出"concept"应该是老师解释、学生理解的某个东西,很可能是"概念""观念"之类的意思。

定语和状语通常可以对中心词起到修饰和限定的作用,帮助我们确定单词的含义。例如,"The old man with a kind smile walked slowly along the street."(那位带着和蔼笑容的老人沿着街道慢慢地走着)中,"with a kind smile"(带着和蔼的笑容)和"walked slowly"(慢慢地走着)这些修饰成分可以让我们更好地理解"old man"(老人)的状态和行为,同时也可以帮助我们猜测其他生词的含义。如果不知道"along"的含义,结合"walked"(走)和"the street"(街道),可以推断出"along"应该是表示"沿着"的意思。

一些特殊的句式结构也可以为词义推断提供帮助。比如,比较结构中,通过对比两个事物的相同点或不同点,可以推断出某些单词的相对含义。例如,"This book is more interesting than that one."(这本书比那本书更有趣)中,如果不知道"interesting"(有趣的)的准确含义,但是通过"more...than"(比……更……)这个比较结构,可以知道它是用来描述书的一种积极的特性，与书能够吸引人、让人觉得有意思有关。

（四）段落主题与逻辑对词义推断的推动作用

段落的主题和逻辑对于词义推断具有重要的推动作用。每个段落通常都有一个明确的主题，围绕这个主题展开论述，生词的含义往往与段落主题密切相关。例如，在一个关于环保的段落中，如果出现一个生词，结合段落中其他关于环境保护、可持续发展、污染治理等方面的词汇和信息，就可以推断出生词可能也与环保领域有关。

段落的逻辑关系包括因果关系、转折关系、并列关系等，这些关系也可以帮助我们推断词义。例如，在因果关系的句子中，原因和结果之间的逻辑联系可以为词义推断提供线索。"Because of the heavy rain, the flood occurred."（因为大雨，洪水发生了）中，如果不知道"flood"的含义，但是知道"heavy rain"（大雨）以及"occurred"（发生），可以推断出"flood"应该是与大雨有关的某种灾害，很可能是"洪水"的意思。

在有转折关系的句子中，前后意思的变化可以帮助我们理解生词的含义。比如，"He seemed confident at first, but then his hesitation revealed his inner anxiety."（起初他看起来很自信，但随后他的犹豫显示出了他内心的焦虑）中，如果不知道"hesitation"的含义，根据"but"（但是）所表示的转折关系以及前面的"confident"（自信的）和后面的"anxiety"（焦虑），可以推断出"hesitation"应该是与自信相反的一种表现，可能是"犹豫""迟疑"的意思。

在并列关系的句子中，并列的词语通常具有相似或相关的含义。例如，"She likes reading, painting and dancing."（她喜欢阅读、绘画和跳舞）中，如果知道"reading"（阅读）和"dancing"（跳舞）的含义，那么对于"painting"（绘画）的理解就会更容易，因为它们都是一种兴趣爱好。

第三节 文化背景知识：英语听力理解的基石

一、文化理解的重要性：听力理解的深层驱动力

（一）文化背景知识对听力材料解读的关键影响

文化背景知识在听力材料的解读中发挥着关键的影响。当我们在听英语时，很多听力材料都蕴含着丰富的文化内涵。如果缺乏对相关文化背景的了解，就可能会在理解上出现偏差或障碍。例如，在听到关于万圣节（Halloween）的听力材料时，如果不了解万圣节在西方文化中的意义、传统习俗以及相关的象征物品等，就可能无法完全理解人们在这个节日里的行为、言语以及所传达的情感。

文化背景知识为听力理解提供了一个重要的认知框架。英语听力材料往往是在特定的文化背景下产生的，其中的词汇、表达、情境等都与文化密切相关。比如"Trick or treat"（不给糖就捣蛋）是万圣节期间孩子们常说的一句话。如果不知道万圣节有孩子们挨家挨户索要糖果的习俗，就很难理解这句话的含义。

为了克服因文化背景知识不足带来的听力理解障碍，我们应该积极主动地学习英语国家的文化。可以通过阅读英语国家的文学作品、观看英语电影和电视剧、了解英语国家的历史和社会习俗等方式来拓宽文化视野。例如，阅读《傲慢与偏见》（*Pride and Prejudice*）这样的经典英国文学作品，可以深入了解英国当时的社会风貌、人们的价值观和生活方式，当在听力材料中遇到类似文化背景的内容时，就能更好地理解。同时，在学习英语的过程中，要注意将语言学习与文化学习相结合，遇到与文化相关的词汇和表达时，深入探究其背后的文化含义。

（二）文化差异导致的听力理解障碍及表现形式

文化差异是导致听力理解障碍的一个重要因素，并且在听力中有多种表现形式。不同的文化在价值观、思维方式、社交礼仪等方面存在差异。这些差异会反映在语言表达中，进而影响听力理解。

在思维方式方面，英语国家的人通常比较直接，喜欢开门见山表达观点；而一些有东方文化背景的人可能相对含蓄，习惯先做一些铺垫再引出主题。这种思维方式的差异在听力材料中也会体现出来，例如，在听英语演讲或辩论时，如果习惯了含蓄的思维方式，可能会对他们直接的表达方式不太适应，难以迅速抓住要点。

为了解决文化差异带来的听力理解障碍，需要培养跨文化意识。要认识到不同文化之间存在差异是正常的，并且努力去理解和适应这些差异。在学习英语的过程中，要对比不同文化之间的异同，分析差异产生的原因和影响。同时，多与英语母语者或了解英语文化的人交流，在实际交流中亲身体验和感受文化差异，不断提高对文化差异的敏感度和适应能力。

（三）文化理解对提高听力预测能力的促进作用

文化理解对提高听力预测能力有着显著的促进作用。在听力中，预测是一种重要的策略，能够帮助我们更好地理解听力材料，而文化理解能够为我们的预测提供有力的依据和方向。例如，当我们知道某个听力材料的主题与西方婚礼文化有关时，基于对西方婚礼文化的了解，我们就可以预测到材料中可能会涉及教堂仪式、婚礼誓言、婚宴等方面的内容，以及可能会出现的相关词汇和表达。

文化理解使我们能够根据特定文化背景下的常见模式、习惯和传统来推测听力材料的大致内容和走向。在英语国家的文化场景中，有其特定的语言表达和信息传递方式。比如在商务谈判的听力场景中，了解英语国家商务文化中注重效率、强调合同和法律的特点，我们就可以预测到在谈判过程中可能会涉及的条款讨论、利益权衡、决策方式等方面的内容，从而在听力过程中有针对性地捕捉关键信息。

为了利用文化理解来提高听力预测能力，我们要不断丰富自己的文化知识储备。除了通过阅读、观看影视作品等方式积累文化知识，还可以参加文化讲座、交流活动等，深入了解英语国家文化的各个方面。在听力练习中，要有意识地运用文化知识进行预测，在听之前根据材料的主题和相关文化背景进行合理的推测，然后在听力过程中验证和调整自己的预测，通过不断的实践来提高预测的准确性和速度。

（四）增强文化理解以提升整体听力理解水平

要提升整体听力理解水平，增强文化理解是一条重要的途径。我们可以通过多种方式来增强文化理解，进而提高听力水平。首先，学习英语国家的传统节日和庆典文化是一个很好的切入点。每个传统节日都有独特的起源、庆祝方式和文化意义，了解这些对于理解相关听力材料非常有帮助。比如圣诞节（Christmas），知道圣诞节的时间、标志性元素（如圣诞树、圣诞老人、圣诞礼物等）以及人们在节日期间的活动（家庭团聚、交换礼物、唱圣诞歌等），当听到关于圣诞节的听力材料时，就能更好地理解其中所传达的信息和情感。

其次，深入研究英语国家的风俗习惯也是必不可少的。风俗习惯涵盖了人们日常生活的各个方面，包括饮食、服饰、居住、社交等。例如，在饮食方面，了解英语国家常见的食物、用餐礼仪和饮食文化差异。当听到与饮食相关的听力材料时，就能够理解其中关于食物偏好、餐厅文化、餐桌礼仪等方面的内容。

此外，关注英语国家的社会热点问题和时事动态也是增强文化理解的有效方法。时事新闻、社会评论等听力材料往往反映了当前社会的关注点、价值观和社会发展趋势。通过关注这些内容，我们可以了解英语国家的社会现状和人们的思想观念，从而更好地理解相关听力材料。例如，了解英国的"脱欧"（Brexit）事件的背景、过程和影响，当听到关于这方面的新闻报道或讨论时，就能更深入地理解其中的观点和立场。

二、文化背景对听力理解的影响

（一）文化价值观的潜在影响

文化价值观在听力理解中有着潜在的影响。不同的文化孕育出不同的价值观体系，这些价值观会在语言表达中得以体现。例如，在西方文化中，个人主义价值观较为突出，强调个体的独立、自主和自我实现。这种价值观会反映在听力材料中，如人们在交流中更倾向于强调个人的观点、权利和成就。当听到一个英语演讲中演讲者频繁提及"self"（自我）、"individual"（个体）等词汇时，如果不了解这种文化价值观，可能会对其强调个人的程度感到惊讶或不理解。

文化价值观是一个社会或群体在长期的历史发展过程中形成的，它深刻地影响着人们的思维方式和行为模式，进而影响到语言的使用。在英语听力材料中，人们的话语往往受到背后文化价值观的驱动。比如在讨论职业选择时，个人主义价值观占主导的文化中，人们可能更强调个人兴趣和自我发展的重要性，而在一些集体主义价值观占主导的文化中，人们可能会更多地考虑家庭、社会等因素。

为了应对文化价值观差异带来的听力理解问题，需要深入研究英语国家的文化价值观。可以通过阅读相关的文化研究书籍、学术论文来了解其价值观的形成和内涵。在听力训练中，当遇到体现文化价值观差异的内容时，要停下来思考这种差异背后的原因，逐渐培养对不同文化价值观的敏感度。同时，要学会从文化价值观的角度去分析听力材料中的人物观点和行为动机，这样能更准确地理解材料的深层含义。

（二）社会习俗的隐性作用

社会习俗在听力理解中发挥着隐性却关键的作用。社会习俗涵盖了人们日常生活中的各种行为规范和礼仪习惯,这些习俗会在语言交流中自然地呈现出来。例如,在英语国家的社交场合中,有特定的问候礼仪和交谈方式。通常人们见面时会说"Hello""How are you?"等问候语,在交谈时会保持一定的眼神交流和适当的身体距离。

社会习俗是一个社会长期形成的约定俗成的行为模式,它与人们的生活紧密相连,也反映在语言的使用中。在英语听力材料中,社会习俗会影响到对话的内容、语气和表达方式。比如在一场正式的晚宴听力场景中,人们会使用较为礼貌、正式的语言,遵循特定的用餐礼仪和交谈顺序。如果不了解这些习俗,可能会对材料中的一些细节和互动理解不准确。

要克服社会习俗带来的听力理解障碍,应该积极了解英语国家的社会习俗。在听力练习中,遇涉及社会习俗的材料时,要注意分析其中的习俗元素,比如问候方式、礼仪规范、社交场合的行为等。同时,可以与英语母语者进行交流,亲身体验和感受他们的社会习俗,在实际交流中提高对社会习俗的理解和适应能力。

(三)历史传统的深远意义

历史传统对听力理解具有深远的意义。英语国家丰富的历史传统为其语言赋予了深厚的文化底蕴。例如,英国的历史上有过罗马统治、诺曼征服等重要事件,这些历史事件对英语语言和文化产生了深远的影响。在一些关于英国历史的听力材料中,会涉及这些历史时期的词汇、人物和事件,如果不了解相关的历史背景,就很难理解材料的含义。

历史传统是一个民族文化的重要组成部分,它塑造了人们的身份认同、价值观和语言表达。在英语听力材料中,历史传统常常以故事、传说、典故等形式出现。比如在一些文学作品的听力材料中,可能会引用古希腊、罗马神话中的典故,或者提及英国历史上的著名人物和事件。如果不熟悉这些历史传统,就会错过很多关键信息,影响对材料的整体理解。

在听力训练中,遇到与历史传统相关的材料时,要结合所学的历史知识进行分析，理解其中的历史背景和文化内涵。同时，可以通过学习一些常见的历史典故和传说，提高对听力材料中此类内容的识别和理解能力。

（四）宗教信仰的深刻影响

宗教信仰对英语听力理解也有着深刻的影响。在许多英语国家，基督教是主要的宗教信仰，宗教文化在人们的生活和语言中无处不在。例如，在一些英语文学作品和演讲中，会经常出现与基督教相关的词汇、典故和隐喻。如果不了解基督教的基本教义、故事和象征意义，在听到这些内容时就可能会感到困惑。

宗教信仰在英语国家的文化中占据着重要的地位，它不仅影响着人们的价值观和道德观念，也渗透到了语言的各个层面。在英语听力材料中，宗教元素可能会以直接或间接的方式出现。比如"God"（上帝）、"sin"（罪恶）、"redemption"（救赎）等词汇，以及一些基于宗教故事的表达和隐喻。

在听力练习中，遇到与宗教相关的内容时，要运用所学的宗教知识进行分析和理解。同时，要注意宗教文化在不同语境中的变化和引申含义，避免简单地从字面意义去理解。通过不断积累和学习，逐渐提高对含有宗教元素的听力材料的理解能力。

三、通过多元途径积累英语文化知识

（一）阅读英语文学作品的重要性与方法

阅读英语文学作品是积累英语文化知识的重要途径之一。英语文学作品犹如一扇扇通往英语文化世界的窗户，承载着丰富的文化内涵、价值观和历史传统。例如，经典的英国小说《傲慢与偏见》，通过细腻的人物刻画和精彩的情节描写，展现了19世纪英国乡村的社会风貌、婚姻观念和阶级差异。

文学作品是文化的结晶，它以生动的文字和精彩的故事反映了特定时期和地域的文化特征。阅读英语文学作品可以让我们沉浸在英语语言环境中，感受原汁原味的英语表达和文化氛围。

要通过阅读英语文学作品积累文化知识，首先需要选择适合自己水平的作品。对于初学者，可以从简单的儿童文学、短篇小说入手，如《小王子》(*The Little Prince*)等，随着水平的提高，再逐渐过渡到更复杂的长篇小说和经典名著。在阅读过程中，要注重理解作品的背景。可以查阅相关的历史资料、文化解读文章，帮助我们更好地理解作品所反映的时代背景和文化现象。同时，要养成做笔记的习惯，记录下遇到的新词汇、有趣的表达和文化知识点，方便日后复习。

（二）观看英语影视作品的优势与策略

观看英语影视作品也是积累英语文化知识的有效方式。影视作品以其直观的视觉和听觉效果，能够生动地展现英语国家的生活场景、社会习俗和人们的思维方式。比如，通过观看英剧《唐顿庄园》，我们可以了解到英国贵族的生活方式、礼仪规范以及当时的社会等级制度。

影视作品能够将语言和文化融合在一起，让我们在欣赏剧情的同时，自然而然地接触到各种文化元素。而且影视作品中的语言更加贴近生活实际，有助于我们学习地道的口语表达和日常用语。此外，影视作品中的画面、音乐、服装等也能加深我们对文化的感知和理解。

在利用英语影视作品积累文化知识时，要有策略地进行。首先，选择具有代表性和文化内涵丰富的作品。可以选择一些经典的电影、电视剧或纪录片，如《阿甘正传》(*Forrest Gump*)、《美丽中国》(*Wild China*)等。其次，在观看时可以打开英文字幕，帮助理解剧情和语言表达。同时，要注意观察影视作品中的细节，如人物的行为举止、场景布置、社交礼仪等，这些都蕴含着丰富的文化信息。观看后，可以对其中的文化知识点进行总结和反思，加深印象。

（三）参与英语文化活动的意义与途径

参与英语文化活动对于积累英语文化知识具有重要意义。文化活动能够让我们亲身融入英语文化环境，与英语母语者或其他英语爱好者进行互动交流，获得更加真实和深刻的文化体验。例如，参加英语角活动，我们可以与他人用英语进行交流，分享彼此对英语文化的理解和感受。

通过参与活动，我们可以打破书本和屏幕的局限，在真实的情境中感受文化的魅力。在与他人的互动中，我们能够提高语言运用能力，同时也能拓宽文化视野，了解不同人对英语文化的认知和解读。而且文化活动形式多样，能够满足不同人的兴趣和需求。

要参与英语文化活动，可以从身边的资源入手。学校、社区或语言培训机构通常会组织英语角、英语演讲比赛、文化讲座等活动。我们可以积极关注这些信息，主动报名参加。此外，还可以利用网络平台，参与在线英语文化交流活动。比如加入英语学习论坛、社交媒体上的英语学习小组等，与世界各地的人交流分享。在活动中，要保持积极主动的态度，勇于表达自己的观点和想法，与他人建立良好的互动关系。

（四）利用网络资源学习的特点与技巧

随着互联网的发展，利用网络资源学习英语文化知识变得越来越便捷。网络上有丰富的英语学习网站、在线课程、文化博客等资源，为我们提供了广阔的学习空间。例如，一些知名的英语学习网站如 BBC Learning English，提供了大量的英语学习材料，包括文化专题、听力练习、文章阅读等。

网络资源具有丰富性、多样性和及时性。我们可以根据自己的兴趣和需求，随时随地选择适合自己的学习内容。而且网络资源更新速度快，能够让我们及时了解到最新的英语文化动态和趋势。

在利用网络资源学习时，需要掌握一些技巧。首先，要学会筛选优质的资源。可以参考其他学习者的评价和推荐，选择权威、专业的网站和课程。其次，要制定合理的学习计划，有针对性地利用网络资源。比如，每周安排一定的时间浏览英语文化网站、观看在线讲座等。同时，要充分利用网络的互动功能，如在评论区与其他学习者交流讨论，分享学习心得和体会。此外，还可以利用一些学习工具，如在线词典、语法查询工具等，辅助我们的学习，提高学习效率。

四、运用文化知识破解听力难题的策略

（一）通过文化背景知识预测听力内容

文化背景知识可以作为预测听力内容的有力依据。在开始听力之前，我们可以利用已知的文化背景信息来大致推断听力材料可能涉及的主题、场景和关键信息。例如，如果听力材料的主题与感恩节（Thanksgiving）相关，我们凭借对感恩节文化背景的了解，就可以预测到材料中可能会出现火鸡（turkey）、家庭团聚（family reunion）、感恩表达（expressions of gratitude）等方面的内容。

文化背景知识为我们提供了一个思考的框架和方向。不同的文化活动、节日、习俗等都有其特定的元素和表现形式，这些元素往往会在相关的听力材料中有所体现。当我们具备了相应的文化背景知识，就能在听力开始前激活大脑中的相关信息，为后续的听力理解做好准备。

为了更好地运用文化背景知识进行预测，我们需要不断积累各种文化知识。可以通过阅读关于英语国家文化的书籍、文章，观看相关的纪录片和影视作品来丰富自己的文化知识储备。在听力之前，先仔细分析听力材料的标题、主题、相关图片或文字提示等，结合已有的文化知识进行合理的猜测。比如，看到听力材料的标题是"Christmas Shopping in the UK"（在英国的圣诞购物），我们就可以根据对英国圣诞文化和购物习惯的了解，预测材料中可能会涉及圣诞集市（Christmas market）、热门的圣诞礼物（popular Christmas gifts）、购物场所（shopping places）等方面的内容。

（二）依据文化差异理解听力中的隐含意义

文化差异常常导致听力材料中存在一些隐含意义，而运用文化知识可以帮助我们更好地理解这些隐含意义。不同文化在表达方式、情感倾向、价值

判断等方面存在差异，这些差异会体现在听力材料中。例如，在英语国家的交流中，人们可能会使用一些委婉的表达方式来传达自己的意见或拒绝，而这种委婉在其他文化中可能不太常见。如果不了解这种文化差异，就可能误解对方的真实意图。

文化差异会影响人们的思维方式和语言习惯，从而导致同样的话语在不同文化背景下可能具有不同的含义和暗示。在听力过程中，我们需要敏锐地捕捉到这些因文化差异而产生的隐含意义。比如，当听到一个英语对话中有人说"I'll think about it."（我会考虑一下），在英语文化中，这可能意味着一种委婉的拒绝，而不是真的在认真考虑。如果我们了解这种文化差异，就能正确理解这句话背后的隐含意义。

要依据文化差异理解隐含意义，就需要深入研究和比较不同文化之间的差异。可以通过学习跨文化交际的相关理论和知识，了解不同文化在语言表达、非语言行为、社交礼仪等方面的特点。在听力过程中，当遇到一些难以理解的表达或行为时，可以尝试从文化差异的角度去思考和分析。比如，在听力材料中听到人们在交流中频繁使用礼貌用语和客套话，要考虑到这可能是英语国家文化中注重礼仪和社交规范的体现，而不是表面的废话。同时，要多与英语母语者交流，亲身感受和体验文化差异在实际交流中的表现，提高对隐含意义的敏感度和理解能力。

（三）借助文化常识填补听力中的信息空白

在听力过程中，有时会遇到一些信息缺失或模糊的情况，此时借助文化常识可以帮助我们填补这些信息空白。例如，在一段关于英国王室（British Royal Family）的听力材料中，如果有些细节没有明确提及，但我们了解英国王室的基本结构、角色和职责等文化常识，就可以根据这些常识来推断和补充一些信息，使听力内容更加完整和清晰。

文化常识为我们提供了一种知识储备和思维模式，当听力材料中的信息不完整时，我们可以利用已有的文化常识进行合理的联想和推测。文化常识涵盖了一个文化中广泛的知识和经验，包括历史、社会、传统等方面，这些知识可以在听力理解中发挥重要的辅助作用。比如，在听到关于英国传统体育赛事的听力材料时，如果知道英国有板球（cricket）、赛马（horse racing）等传统体育项目，以及这些项目的一些基本规则和文化意义，就能在遇到相关信息时更好地理解。

为了有效地借助文化常识填补信息空白，我们要注重积累和巩固各种文化常识。可以通过阅读文化类书籍、参观文化展览、参加文化活动等方式来拓宽自己的文化视野和知识储备。在听力过程中，当遇到信息不明确的地方，要迅速调动大脑中的文化常识，结合听力材料的上下文和整体语境进行分析和推断。比如，在听力材料中听到一个关于英国某个城市的描述，但没有具体说明是哪个城市，如果我们了解英国一些主要城市的特点和文化标志，就可以根据材料中提到的线索，如城市的历史建筑、特色美食、著名景点等，来猜测是哪个城市。

（四）利用文化背景优化听力中的逻辑推理

文化背景知识还可以帮助我们在听力过程中进行更准确的逻辑推理。听力材料中的信息往往是相互关联的，而文化背景可以为我们提供一种逻辑线索和推理依据。

文化背景会影响人们的思维方式和行为逻辑。在听力理解中，我们可以利用这种文化背景所蕴含的逻辑关系来分析和理解听力材料中的信息。比如，在听到关于职场（workplace）的听力材料时，如果知道英语国家职场文化中强调个人能力和业绩（emphasis on individual ability and performance），就可以根据材料中提到的员工表现和工作成果等信息，合理推断出员工在职场中的地位和发展前景。

要利用文化背景优化逻辑推理，首先需要深入理解英语文化中的各种逻辑模式和思维方式。可以通过学习英语文化传统、社会制度、商业文化等方面的知识，了解背后的逻辑基础和推理方法。在听力过程中，要将文化背景知识与听力材料中的具体信息相结合，进行全面的分析和推理。比如，在听力材料中听到关于教育体系（education system）的讨论，我们可以根据对英语国家教育文化的了解，以及材料中提到的教育政策、学校类型、学生评价等方面的信息，来推断出教育体系的特点和发展趋势。同时，要注意避免片面的推理和主观的猜测，确保逻辑推理的准确性和合理性。

第四章　跨文化英语口语表达策略

第一节　英语口语表达的文化适应性

一、深入理解英语国家的沟通习惯与礼仪

（一）言语交流中的礼貌表达与禁忌

在英语语言交流中，礼貌表达至关重要且存在诸多禁忌。礼貌用语如"Please"（请）、"Thank you"（谢谢）、"Excuse me"（对不起，打扰一下）等在日常交流中频繁使用，它们传递着尊重和友善。例如，在请求他人帮助时说"Could you please help me?"（你能帮我一下吗）比直接说"Help me."（帮我）更加礼貌和得体。

英语文化强调尊重他人的个人空间和权利，礼貌表达是这种尊重的外在体现。在长期的社会发展和文化传承中，人们形成了这种以礼貌用语构建良好交流氛围的习惯。这种习惯有助于避免冲突和误解，促进和谐的人际关系。

为了更好地运用礼貌表达，需要在日常英语学习中注重积累礼貌用语，并养成使用它们的习惯。在与英语国家的人交流时，要时刻注意自己的语气和措辞，避免使用过于生硬或粗鲁的语言。同时，要了解一些言语交流中的禁忌。比如，避免过度询问他人的隐私，像年龄、收入、婚姻状况等在很多情况下是不适合直接询问的话题。在表达观点时，避免过于绝对和强硬，应适当使用委婉的表达方式，如"Perhaps"（也许）、"It seems to me"（在

我看来)等,以显示对他人观点的尊重和包容。

(二)社交场合的沟通规范与礼仪

在英语国家的社交场合,有着特定的沟通规范与礼仪。在聚会、晚宴等场合,人们通常会遵循一定的礼仪和交流规则。例如,在正式晚宴上,需要注意餐桌礼仪,包括餐具的使用方法、用餐的顺序和礼仪等。在交流方面,要学会倾听他人的发言,避免独占话题或打断他人。当与他人交谈时,应选择合适的话题,避免涉及敏感或争议性的话题,如政治、宗教等,除非对方主动提及并愿意深入讨论。

社交场合的沟通规范和礼仪是社会秩序和文化传统的体现,它们有助于营造愉快、和谐的社交氛围。这些规范和礼仪经过长期的发展和传承,成为人们在社交活动中共同遵守的准则。遵循这些规范和礼仪可以显示出一个人的修养和对他人的尊重,也有助于建立良好的人际关系。

为了适应社交场合的沟通规范与礼仪,需要提前了解相关的知识和要求。可以通过阅读社交礼仪方面的书籍、文章,或者参加相关的培训课程来学习。在实际参与社交活动时,要时刻保持敏锐的观察力和自我意识,注意自己的言行举止是否符合礼仪规范。如果不确定某个行为是否合适,可以观察他人的做法或者礼貌地向他人请教。同时,要保持自信和从容,在遵循礼仪的基础上展现自己的个性和魅力,使交流更加自然和愉快。

(三)商务沟通中的礼仪与技巧

在英语国家的商务沟通领域,礼仪和技巧同样至关重要。在商务会议、谈判等场合,准时到达是基本的礼仪要求,它体现了对他人时间的尊重和自身的专业素养。在交流过程中,语言表达要清晰、准确、专业,避免使用过于随意或模糊的语言。商务邮件的撰写也有一定的规范,包括格式、用词、语气等方面。例如,邮件的开头和结尾要有恰当的问候语和结束语,内容要简洁明了,主题明确。

在商务环境中，良好的礼仪和沟通技巧有助于建立信任、促进合作和提高工作效率。商务沟通往往涉及重要的商业事务和利益关系，遵循礼仪规范和运用恰当的沟通技巧可以减少误解和冲突，提升沟通的效果和质量。

要掌握商务沟通中的礼仪与技巧，需要不断学习和实践。可以参考专业的商务礼仪书籍和资料，了解商务沟通的基本原则和规范。在实际工作中，要注重细节，从着装、言行到邮件沟通等方面都要符合商务礼仪的要求。同时，要不断提升自己的沟通能力，学会有效地倾听、表达和反馈，善于处理各种商务沟通中的问题和挑战。在与英语国家的商业伙伴交流时，要了解他们的文化背景和商务习惯，尊重差异，灵活调整自己的沟通方式，以实现互利共赢的合作。

二、灵活适应英语文化的多样语言风格

（一）正式语言风格的特点与应用场景

正式语言风格在英语文化中具有鲜明的特点和特定的应用场景。正式语言通常具有严谨、规范、精确的特点。在词汇方面，会使用较为正式、庄重的词汇，避免使用过于口语化或俚语化的表达。例如，在正式的商务报告或学术论文中，会使用"ascertain"（确定）、"commence"（开始）等较为正式的词汇，而不是"find out"（找出）、"start"（开始）等相对随意的表达。在语法结构上，句子结构完整、复杂，较少使用省略和缩写形式。句式通常较为规整，符合严格的语法规则。

正式语言风格适用于一些严肃、庄重的场合，这些场合通常需要传达准确、权威的信息，并且要体现出专业性和规范性。比如在商务合同、法律文件、学术研讨等情境中，正式语言风格能够确保信息的准确性和可靠性，避免产生歧义或误解。同时，它也反映了交流双方对彼此的尊重以及对所讨论事务的重视程度。

为了适应正式语言风格，在学习英语的过程中，需要积累正式的词汇和

表达方式。可以通过阅读正式的英语文献，如学术著作、官方文件、商务报告等，来熟悉正式语言的特点。在写作和交流时，要注意词汇的选择和语法的准确性。在正式场合发言或撰写文章之前，可以先进行充分的准备，整理思路，确保使用恰当的语言风格。同时，要注意语气的把握，保持客观、中立、严谨的态度，避免过于情绪化或随意的表达。

（二）非正式语言风格的特征与适用情境

非正式语言风格与正式语言风格形成鲜明对比，具有独特的特征并适用于特定的情境。在词汇方面，会大量使用口语化、简洁的词汇，甚至包括一些俚语、习语和缩略语。例如，"gonna"（going to 的缩略形式）、"wanna"（want to 的缩略形式）等在日常口语中经常出现。在语法上，相对较为灵活，可能会出现省略、倒装等不太符合严格语法规则的现象。句子结构也较为简单、松散，以方便快速、流畅地交流。

非正式语言风格主要应用于轻松、随意的社交场合或日常交流中。在朋友之间的聊天、家庭聚会、休闲活动等情境下，使用非正式语言可以拉近彼此的距离，营造轻松愉快的氛围。它反映了人们在非正式场合下更加随意、自在的交流心态，不需要像正式场合那样严谨。

要适应非正式语言风格，需要多接触英语国家的日常口语和流行文化。可以通过观看英语电影、电视剧、脱口秀等，感受非正式语言的使用方式和特点。在与英语母语者进行日常交流时，不要过于拘泥于严格的语法规则，敢于使用一些常见的口语表达和缩略语。但同时也要注意场合的适宜性，在正式场合中仍要保持正式的语言风格。另外，可以通过模仿和练习，逐渐提高自己在不同情境下运用非正式语言的能力，使交流更加自然、流畅。

（三）幽默语言风格的魅力与传达方式

幽默语言风格在英语文化中具有独特的魅力和特定的传达方式。幽默可以通过词汇的巧妙运用、双关语、夸张、讽刺等多种手段来实现。例如，利用双关语，一个单词或短语可以有两种不同的含义，从而产生幽默的效果。在幽默表达中，还常常会使用夸张的手法，将事物的特点或程度夸大或缩小，以制造出滑稽、可笑的情境。此外，讽刺也是一种常见的幽默方式，通过对某种现象或人物的调侃、批评来引发笑声。

幽默语言风格能够缓解紧张气氛，增加交流的趣味性和吸引力。在社交场合中，幽默的话语可以让人们放松心情，拉近彼此的距离，使交流更加愉快。在一些演讲、喜剧表演、文学作品中，幽默更是不可或缺的元素，它可以吸引听众或读者的注意力，增强作品的感染力和影响力。

要理解和运用英语文化中的幽默语言风格，首先需要培养对幽默的敏感度。可以通过阅读英语幽默故事、笑话、喜剧作品等，了解英语文化中幽默的常见类型和表达方式。同时，要注意文化差异对幽默的影响，有些幽默表达在英语国家可能很有趣，但在其他文化中可能不太容易被理解或接受。在交流中，可以适当地尝试使用一些简单的幽默表达，但要注意场合和对象，避免因幽默不当而引起误解或冒犯。此外，要学会欣赏英语国家的幽默文化，理解其中蕴含的智慧和情感。

（四）委婉语言风格的意义与运用技巧

委婉语言风格在英语文化中具有重要的意义和独特的运用技巧。委婉表达通常是为了避免直接、生硬地传达某些信息，以减少对他人的伤害或冒犯。在词汇选择上，会使用一些较为温和、含蓄的词汇来替代直接、尖锐的表达。例如，用"pass away"（去世）来替代"die"（死亡），用"a bit overweight"（有点超重）来替代"fat"（胖）。在句式结构上，可能会采用一些间接的表达方式，如使用虚拟语气、疑问句等。

在英语文化中，人们注重礼貌和尊重他人的感受。委婉语言风格可以使交流更加和谐、友好，避免因言语过于直接而引起不必要的冲突或尴尬。在一些敏感话题或批评性的情境中，委婉表达尤为重要，它可以维护交流双方的关系和面子。

为了掌握委婉语言风格的运用技巧，需要在学习英语的过程中注意观察和积累委婉的表达方式。可以通过阅读英语文学作品、商务信函、社交礼仪方面的书籍等，学习如何用委婉的方式传达信息。在实际交流中，要根据情境和对象的不同，选择合适的委婉表达方式。例如，在提出批评或建议时，可以先肯定对方的优点，然后再委婉地指出需要改进的地方。同时，要注意语气和语调的把握，使委婉表达更加自然、真诚，让对方能够理解和接受。另外，要不断提高自己的语言敏感度和沟通能力，在不同的情境中灵活运用委婉语言风格。

三、规避文化禁忌，谨慎处理敏感话题

（一）理解宗教相关禁忌的重要性

在英语文化中，理解宗教相关禁忌具有至关重要的意义。许多英语国家有着深厚的宗教传统，宗教信仰在人们的生活中占据着重要的地位，对人们的价值观和行为方式产生着深远的影响。例如，在以基督教文化为主的国家，对宗教经典、宗教仪式和宗教象征等都有着特殊的敬畏和尊重。

宗教禁忌是宗教文化的一部分，它源于人们对神圣事物的敬畏和对宗教教义的遵循。不了解这些禁忌可能会引起不必要的误解。比如，在一些宗教场所，有着严格的着装要求和行为规范。如果不了解这些规定，随意穿着或行为不当，就可能被视为不礼貌。

在与英语国家的人交流时，要避免对他人的宗教信仰进行不恰当的评价或质疑。如果涉及宗教话题，要保持尊重和谨慎，避免使用可能会引起误解的语言。在参观宗教场所时，要提前了解相关的规定和禁忌。遵守场所的要求，以显示对宗教文化的尊重。

（二）认识种族相关敏感问题的复杂性

与种族相关的敏感问题在英语文化中具有复杂的背景。英语国家是多种族的社会，不同种族之间存在着历史、文化和社会背景的差异。种族问题涉

及身份认同、社会公平、文化差异等多个方面，处理不当可能会引发矛盾和冲突。

在历史的发展过程中，一些英语国家存在着种族歧视和不平等的问题，这些问题虽然在不断改善，但仍然在一定程度上影响着社会的和谐。不同种族的人们对于自身的种族身份和文化传统有着强烈的认同感，对涉及种族的话题非常敏感。例如，一些带有歧视性的词汇或言论，即使是无意的，也可能会伤害到特定种族群体的感情。

为了妥善处理与种族相关的敏感问题，首先要树立正确的种族观念，摒弃任何形式的种族歧视和偏见。在语言表达上，要避免使用带有种族歧视或刻板印象的词汇和表达方式。在交流中，要尊重不同种族的文化和传统，以开放和包容的心态去理解和接纳他人。如果遇到关于种族的讨论或争议，要保持冷静和理性，避免情绪化的反应。同时，要不断学习和了解不同种族的文化特点和历史背景，增进对多元种族社会的认识和理解，以促进不同种族之间的和谐共处。

（三）把握政治话题的敏感性与谨慎性

政治话题在英语文化中往往具有高度的敏感性。政治观点和立场在不同的人群中可能存在着巨大的差异，而且政治问题往往涉及国家利益、社会稳定和个人权益等。例如，在一些国家的选举期间，政治讨论往往非常激烈，不同的政治派别之间可能存在着激烈的争论和冲突。

政治是社会生活中的重要组成部分，它直接关系到人们的生活和社会的发展。不同的政治理念和政策主张会引发不同的反应和争议。在英语国家，人们对于政治问题有着自己的观点和看法，并且通常非常关注政治动态。然而，在跨文化交流中，由于不同国家的政治制度和文化背景存在差异，对政治话题的理解和处理也会有所不同。

在面对政治话题时，需要保持谨慎的态度。在与英语国家的人交流时，尽量避免主动挑起政治争议性的话题，尤其是在不熟悉对方政治立场的情况下。如果不可避免地涉及政治话题，要保持客观、中立的态度，尊重对方的观点，避免强行推销自己的政治观点或进行攻击性的言论。同时，要了解英语国家的政治文化和社会背景，以便更好地理解和应对政治话题相关的交流。可以通过阅读相关的政治新闻、分析文章等，增加对英语国家政治的了解，但在交流中要注意把握分寸，避免因政治话题而引发不必要的矛盾和误解。

（四）处理个人隐私话题的恰当方式

在英语文化中，正确处理个人隐私话题是非常重要的。个人隐私包括年龄、收入、婚姻状况、家庭问题等方面。英语国家的人们通常非常重视个人隐私的保护，认为这些信息属于个人的隐私，不希望随意被他人知晓或讨论。

个人隐私的观念源于英语国家对个人权利和自由的尊重。人们希望在一定程度上保持自己生活的私密性，不被他人过度干涉。在社交场合和交流中，如果不恰当地询问他人的隐私信息，可能会被视为不礼貌。

为了避免在个人隐私话题上出现问题，需要树立尊重他人隐私的意识。在交流中，不要主动询问他人的隐私信息，除非对方自愿分享。如果对方提及一些个人隐私方面的内容，也要保持尊重和谨慎的态度，不要过度追问或传播。同时，要注意自己的言行举止，避免无意中透露自己的隐私信息，除非是在信任的朋友或合适的场合。在涉及个人信息的交流中，要根据场合和对象的不同，合理地选择分享的内容和程度。如果不确定某个话题是否涉及隐私，可以通过观察对方的反应或委婉地询问来确定。在与英语国家的人建立良好的关系时，尊重个人隐私是一个重要的基础。只有这样才能赢得对方的信任和尊重，确保交流的顺利进行。

四、根据情境灵活调整英语口语表达策略

（一）正式场合下的严谨表达需求

在正式场合中，英语口语表达需要具备高度的严谨性。正式场合通常包

括商务谈判、学术会议、官方仪式等，这些场合对语言的准确性、专业性和规范性要求极高。例如在商务谈判中，每一个用词和语句都可能影响到商业利益的达成和合作关系的建立。

正式场合往往涉及重要的事物、专业领域的交流以及对社会形象的展示。人们在这样的情境下期望听到清晰、准确、有条理的表达，以确保信息的有效传递和理解。在正式的学术会议上，学者们需要用精准的语言阐述自己的研究成果和观点，避免模糊和歧义，因为同行们会根据这些表达来评估其学术水平和研究价值。

为了满足正式场合下的严谨表达需求，首先要积累丰富的专业词汇和表达方式。在商务领域，要熟悉行业术语、商务礼仪用语等；在学术领域，要掌握学科专业词汇和学术规范表达。在发言前，应做好充分的准备，明确自己要表达的核心内容，组织好语言结构。可以采用总分总的结构，先明确主题，然后分点阐述要点，最后进行总结和强调。在语法方面，要严格遵循语法规则，避免出现语法错误。同时，注意语速和语调的控制，保持适中的语速，语调平稳，以显示出自信和专业。

（二）非正式场合下的亲近感营造

在非正式场合中，英语口语表达的重点在于营造自然和亲近的氛围。非正式场合包括朋友聚会、家庭活动、日常闲聊等，此时人们更注重情感的交流和轻松的互动。比如在朋友聚会上，过于正式和拘谨的语言会让人觉得有距离感。

非正式场合的交际大多是让人们放松心情，享受交流的乐趣，过于严肃和刻板的语言会破坏这种氛围。人们在这样的情境下更倾向于使用简洁、随意、富有情感的语言来表达自己的想法和感受。例如，在家庭聚餐时，大家会使用亲切、幽默的语言来分享生活中的点滴。

要在非正式场合中营造自然与亲近感，需要运用大量的口语化表达和日常用语。可以使用一些缩略语、俚语、习语等，让语言更加生动活泼。比如

"gonna""wanna"等缩略语在日常交流中非常常见。同时，要注意表情和肢体语言的配合，微笑、眼神交流、适当的手势等都可以增强交流的亲和力。在话题选择上，可以更加随意和广泛，分享一些有趣的故事、个人经历、兴趣爱好等。此外，还可以运用一些幽默和调侃的元素，但要注意分寸，避免冒犯他人。

（三）面对不同对象的个性化调整

根据交流对象的不同，英语口语表达也需要进行个性化的调整。如果交流对象是长辈、上级或者权威人士，通常需要表现出尊重和礼貌。例如在与老师交流时，会使用较为正式和恭敬的语言，避免使用过于随意或不恰当的词汇。

不同的交流对象在社会地位、年龄、文化背景等方面存在差异，这些差异会影响他们对语言的接受程度和期望。对于长辈和上级，尊重是基本的社交礼仪，恰当的语言表达可以体现出自己的教养和职业素养，而面对同龄人或者下属时，语言可以相对更加随意和轻松，但也要根据具体情境和对方的个性来调整。

当面对长辈和权威人士时，要使用礼貌用语，如"please""thank you""sir""madam"等，并且在语气上要保持谦逊。在表达观点时，可以使用委婉的方式，如"May I suggest.""I think perhaps."等。如果是与同龄人交流，可以使用一些流行的口语表达和共同感兴趣的话题来拉近彼此的距离。对于下属或者晚辈，可以给予鼓励和支持，语言更加亲切和随和。但无论面对哪种对象，都要注意倾听对方的意见和反馈，根据对方的反应及时调整自己的语言表达。

（四）紧急或突发情境下的简洁明了

在紧急或突发情境下，英语口语表达必须做到简洁明了。例如，在突发的危险情况中，如火灾、地震等，每一个指令和信息都需要迅速、准确地传达，以确保人们的安全。在医疗急救场景中，医生和护士需要用简洁的语言与患者和同事进行沟通，争取宝贵的时间。

在紧急或突发情境下，人们的注意力高度集中。时间紧迫、复杂和冗长的语言可能会导致误解或延误时机。简洁明了的表达可以让信息更快地被理解和执行，避免不必要的混乱和恐慌。

为了在紧急或突发情境下有效沟通，要选择简单、直接的词汇和句子结构。避免使用过于复杂的从句和修饰语，尽量用简短的陈述句来传达关键信息。例如在火灾现场，可以大声呼喊"Fire! Exit this way!"（着火了！从这边出去！）同时，要注意发音清晰，语速适当加快但不能含混不清。在平时，可以进行一些模拟紧急情境的口语训练，提高在紧急情况下的语言应对能力。此外，还可以提前准备一些常用的紧急用语和指令，以便在关键时刻能够迅速反应和表达。

第二节 提升英语口语流利度与准确性

一、日常练习：构建扎实的语言基础

（一）词汇积累的关键意义与途径

词汇积累在构建扎实语言基础中具有关键意义。词汇是语言的基本单位，如同构建大厦的砖块，丰富的词汇量能让我们更准确、更全面地表达思想和理解他人。例如，当我们想要描述一个美丽的风景时，如果词汇匮乏，可能只能用"nice""good"等简单词汇，而如果词汇丰富，就可以用"breathtaking""scenic""picturesque"等更生动、更贴切的词汇来传达更精准的感受。

语言的表达和理解都依赖于词汇。在英语中，不同的词汇有着不同的语义、语用和情感色彩。掌握更多的词汇可以让我们在各种情境下都能找到合适的表达方式。而且，词汇量的大小直接影响到听说读写各项语言技能的发挥。

为了有效地进行词汇积累，首先要养成阅读的习惯。阅读英语文章、书籍、报纸杂志等是扩充词汇的重要途径。在阅读过程中，遇到生词可以通过上下文猜测词义，然后再查阅词典进行确认和深入学习，同时记录下来以便复习。其次，利用词汇学习工具和资源，如词汇书、在线词汇学习平台等。这些工具通常会按照词汇的难度、主题等进行分类，方便有针对性地学习。还可以通过观看英语电影、电视剧、听英语广播等方式积累词汇，在真实的语言环境中感受词汇的运用。

（二）语法学习的重要性与方法

语法学习对于构建扎实的语言基础至关重要。语法规则是语言组织的框架，它决定了词汇如何组合成正确、通顺且有意义的句子。如果语法错误，即使词汇都正确，也可能导致意思表达不清或产生误解。比如"He goes to school every day."这句话中，"go"的形式错误，应该是"He goes to school every day."语法错误会使句子不符合英语的表达习惯。

语法规范了语言的结构和逻辑。在英语中，句子的时态、语态、主谓一致、从句等语法知识都对准确表达意思起着关键作用。只有掌握了语法规则，才能构建出清晰、准确的句子，从而有效地进行交流和表达。

在语法学习方面，首先要系统地学习语法知识。可以选择一本权威的语法教材，从基础的语法概念开始，逐步深入学习各种语法规则和句型结构。在学习过程中，要注重理解语法规则背后的原理和逻辑，而不是死记硬背。其次，可以进行大量的语法练习。通过做练习题、语法填空、句子改写等方式来巩固所学的语法知识，提高运用语法的能力。同时，结合实际的语言材料来学习语法。阅读英语文章、分析其中的语法结构，或者自己尝试用所学的语法知识进行写作，在实践中加深对语法的理解和掌握。此外，还可以参加语法学习小组或请教老师、同学，通过交流和讨论来解决语法学习中的疑惑和难点。

（三）听力训练的必要性与策略

听力训练是构建语言基础不可或缺的一部分。听力是语言输入的重要途径，通过听力我们可以接触到真实的英语语音、语调、语速以及各种语言表达方式，为语言的输出和交流奠定基础。例如，如果听不懂英语母语者的发音和表达，在实际交流中就会遇到很大的障碍。

听力训练能够提高我们对英语语音的敏感度和理解能力。英语中有连读、弱读、重音等发音现象，只有通过不断的听力训练，才能熟悉这些发音规则，更好地理解听力内容。而且，听力可以帮助我们积累语言素材，了解英语国家的文化和社会背景，拓宽知识面。

在进行听力训练时，要选择适合自己水平的听力材料。对于初学者，可以从简单的英语儿歌、童话故事音频开始，随着水平的提高，逐渐过渡到英语新闻、电影、讲座等。可以采用精听和泛听相结合的策略。精听时，逐句听清楚听力材料的内容，遇到不懂的地方反复听，直到理解为止，然后可以进行听写练习，加深记忆。泛听则是广泛地接触各种听力材料，不追求完全听懂每一个单词和句子，主要是培养语感和熟悉英语的语音环境。同时，要利用多种听力资源，如英语学习网站、手机应用等，随时随地进行听力训练。还可以模仿听力材料中的发音和语调，提高自己的口语表达能力。

（四）口语练习的作用与实践方法

口语练习在构建语言基础中发挥着重要的作用。口语是语言输出的主要形式，通过口语练习可以将所学的词汇、语法、听力等知识转化为实际的语言运用能力，提高语言表达的流利度和准确性。例如，只有通过不断地开口说英语，才能克服害羞和紧张心理，逐渐变得自信和熟练。

口语练习能够强化语言思维和反应能力。在说英语的过程中，我们需要迅速组织语言、选择合适的词汇和语法结构来表达自己的想法，这种思维训练对于提高语言水平非常关键。而且，口语交流可以让我们及时获得反馈，发现自己的不足之处，从而有针对性地进行改进。

在口语练习方面，首先要克服心理障碍，敢于开口说英语。不要害怕犯错，要把错误看作是学习的机会。可以从简单的日常对话开始练习，例如问候、介绍自己、谈论天气等。其次，寻找语言伙伴或参加语言交流活动。与英语母语者或其他英语学习者进行交流，互相练习口语，分享学习经验。还可以参加英语口语俱乐部、英语角等活动，在真实的交流环境中提高口语能力。利用模仿的方法来提高口语水平，模仿英语电影、电视剧中的角色对话，或者英语广播中的发音和语调，注意语音、语调、语速的准确性和自然性。同时，要进行自我录音和评估，将自己说的英语录下来，然后回放分析，找出存在的问题，如发音错误、语法错误、表达不流畅等，并加以改进。

二、模仿与跟读：学习地道发音与语调

（一）发音准确性对语言交流的影响

发音的准确性在语言交流中起着至关重要的作用。准确的发音是确保信息能够被清晰传达和正确理解的基础。如果发音不准确，可能会导致误解或者沟通障碍。例如，单词"sheet"（床单）和"shit"（粪便）在发音上只有非常细微的差别，但意思却完全不同。如果发音混淆，就会传达出错误的信息，引起不必要的误解。

英语是一种拼音语言，发音与拼写之间存在着紧密的联系。不同的发音可能对应着不同的单词和意义。而且，英语中有许多发音相近但写法不同的音素，如"v"和"w"，"l"和"r"等，准确区分和掌握这些音素对于正确发音至关重要。在实际的语言交流中，人们通过发音来传递信息，如果发音不准确，对方可能难以理解或者理解错误。

为了提高发音的准确性，首先要学习英语的音标。音标是发音的基础，掌握音标可以帮助我们准确地发出每个音素。可以通过专门的音标教材、在

线课程或者请教老师来学习音标。在学习过程中,要注意发音的口型、舌位和气流等细节,这些因素都会影响发音的准确性。其次,要进行反复的发音练习。可以选择一些简单的单词或短语,针对特定的音素进行练习,如练习"th"的发音时,可以反复朗读"think""this"等单词。同时,要利用发音工具和资源,如发音软件、在线发音字典等,这些工具可以提供标准的发音示范和发音纠正。此外,还可以进行对比练习,将自己的发音与标准发音进行对比,找出差距并加以改进。

(二)语调在传达情感和意义方面的重要性

语调在英语中对于传达情感和意义具有极其重要的意义。语调的变化可以改变句子的意思和情感色彩。例如,一个陈述句用不同的语调来表达,可能会传达出肯定、疑问、惊讶等不同的情感。以句子"He is here."(他在这里)为例,如果用降调说,通常表示肯定和确定的语气;如果用升调说,则可能表示疑问或者惊讶。

语调是语言表达的一部分,它与词汇和语法一起构成了完整的语言信息。在英语中,语调的变化可以区分不同的句子类型,如陈述句、疑问句、祈使句等。而且,语调还可以反映说话者的情感状态,如高兴、生气、惊讶等。不同的英语国家和地区也可能有不同的语调特点,了解这些特点有助于更好地理解和融入当地的语言环境。

要掌握好语调,需要进行有针对性的练习。首先,要多听英语原声材料,如英语电影、电视剧、广播等,感受英语中的语调变化。注意观察说话者在不同情境下的语调运用,体会语调与情感和意义之间的关系。其次,可以选择一些典型的句子或段落进行模仿练习。例如,模仿英语电影中的经典台词,注意模仿其中的语调起伏和节奏变化。同时,要注意英语中的重音和节奏。重音的位置和节奏的变化也会影响语调,在练习中要注意把握好这些因素。可以通过划分句子的节奏和重音来进行练习,如将句子按照单词的强弱读音进行划分,然后按照划分的节奏进行朗读。此外,还可以参加英语口语课程或者与英语母语者交流，让他们给予语调方面的指导和反馈，帮助我们不断改进。

（三）模仿在提升发音与语调中的作用机制

模仿在提升发音和语调方面具有重要的作用机制。模仿是一种有效的学习方式，通过模仿英语母语者的发音和语调，我们可以更直观地感受和学习地道的英语表达方式。当我们模仿时，大脑会将听到的声音和自己发出的声音进行对比和调整，从而逐渐提高发音和语调的准确性。

模仿可以帮助我们建立正确的发音和语调模式。我们的大脑具有很强的适应性和学习能力，通过反复模仿标准的发音和语调，大脑会逐渐形成相应的神经连接和记忆，使我们能够更自然地发出正确的声音。而且，模仿可以让我们接触到真实的语言环境和表达方式，了解英语在实际交流中的运用。

在进行模仿练习时，要选择合适的模仿对象。可以选择英语母语者的发音，如英语广播员、电影演员等。他们的发音和语调通常比较标准和地道。在模仿过程中，要注意细节。不仅要模仿单词的发音，还要注意句子的连读、弱读、重音等发音现象，以及语调的起伏和节奏变化。可以将模仿的内容分成小段，逐段进行模仿，反复练习直到熟练为止。同时，要进行对比和反思。在模仿之后，将自己的发音和语调与模仿对象进行对比，找出差距和不足之处，然后针对性地进行改进。此外，要保持持续的模仿练习。发音和语调的提升是一个长期的过程，需要不断地进行模仿和练习，逐渐形成良好的发音和语调习惯。

（四）跟读练习的具体步骤与方法要点

跟读练习是提升发音和语调的有效方法，它具有明确的具体步骤和方法要点。首先，选择合适的跟读材料是关键的第一步。可以选择语速适中、发音清晰的英语听力材料，如英语教材配套的听力材料、英语故事音频等。这些材料通常具有一定的规范性和代表性，适合进行跟读练习。

接下来，在跟读之前，要先仔细听几遍材料。在听的过程中，注意发音、语调、连读、弱读等方面的特点，熟悉材料的内容和节奏，然后，开始逐句跟读。在跟读时，要尽量模仿原声的发音和语调，注意每个单词的发音准确和句子的整体节奏。可以将一个句子反复跟读几遍，直到能够比较自然地模仿出原声。

在跟读过程中，要注意以下方法要点：一是要注意发音的细节，如元音和辅音的发音、口腔的开合程度等。二是要把握好语调的变化，注意句子的升降调以及重音的位置。三是要注意连读和弱读的处理。英语中有很多连读和弱读现象，如"an apple"会连读成"a napple"，"of"在句子中通常会弱读等，要通过反复练习来掌握这些技巧。四是要保持耐心和坚持。跟读练习需要时间和精力，不能期望在短时间内取得显著的效果，要持续不断地进行练习，逐渐提高发音和语调的水平。同时，可以将跟读练习与其他学习方法相结合，如模仿、背诵等，以达到更好的学习效果。

三、词汇与句型拓展：丰富口语表达层次

（一）词汇多样性对口语表达的提升意义

词汇多样性在口语表达中具有极为重要的提升意义。丰富多样的词汇能够让我们更精准、更生动地传达自己的想法和感受。如果词汇匮乏且单一，表达就会显得单调乏味，缺乏吸引力和说服力。例如，当描述一个人的心情时，仅仅知道"hAppy"（高兴）是远远不够的，还有"delighted"（欣喜的）、"ecstatic"（狂喜的）、"overjoyed"（万分高兴的）等不同层次和情感强度的词汇可供选择。

不同的词汇有着细微的语义差别和情感色彩。词汇的多样性可以使我们在各种情境下都能找到最恰当的表达方式，让语言更具表现力。而且，多样化的词汇能够展示我们的语言能力和知识水平，给听众或交流对象留下更好的印象。在英语中，存在大量的同义词、近义词和反义词。

为了提升词汇多样性，首先要养成主动积累词汇的习惯。在阅读英语材料、观看英语影视作品或与他人交流时，遇到新的词汇要及时记录下来，并通过查阅词典了解其含义、用法和搭配。可以将词汇按照主题进行分类整理，如情感、食物、旅游等，这样在需要表达某个主题时就能迅速回忆起相关词汇。其次，要学会运用词汇学习工具和资源。有许多在线词汇学习网站和手机应用，它们提供了丰富的词汇练习和记忆方法。同时，尝试使用英语同义词词典，在表达时有意识地用不同的词汇替换常用词汇，以增加词汇的多样性。此外，还可以通过阅读英语经典文学作品来积累词汇。经典作品中往往包含着丰富的词汇和多样的表达方式，阅读过程中要注意分析作者的用词技巧，学习如何巧妙地运用词汇来提升表达效果。

（二）句型丰富性对口语表达的促进作用

句型丰富性对口语表达起着关键的促进作用。不同的句型结构可以传达不同的语气、重点和逻辑关系，使口语表达更加灵活多变。如果总是使用简单的主谓宾结构的句子，表达会显得过于平淡和单调。例如，在描述一个观点时，除了使用"I think..."（我认为……），还可以使用"In my opinion..."（依我之见……）、"As far as I'm concerned..."（就我而言……）等不同的句型来表达。

丰富的句型可以增强语言的节奏感和韵律感，使表达更具吸引力。同时，不同的句型适用于不同的情境和交流目的。比如在提出建议时，可以用"Let's..."（让我们……）、"How about..."（……怎么样）、"It might be a good idea to..."（做……或许是个好主意）等多种句型。而且，句型的变化还可以展示我们对英语语法的掌握程度和语言运用的熟练程度。

要增加句型的丰富性，首先要系统地学习英语语法。了解各种句型的构成规则和用法，包括简单句、复合句、并列句等。掌握不同类型从句的用法，如定语从句、状语从句、名词性从句等，这些从句可以为表达增添更多的细节和逻辑关系。其次，在日常口语练习中要有意识地运用不同的句型。可以从模仿开始,选择一些优秀的英语演讲、文章或对话,分析其中的句型结构,然后进行模仿和改写。同时,要注意积累常用的表达句型。例如,在表示原因时,可以记住"Because of..." "Due to..." "Thanks to..."等不同的表达方式;在进行比较时,可以运用"Compared with..." "In contrast to..."等句型。此外,还可以通过参加英语口语讨论小组或与英语母语者交流,从他人那里学习新的句型和表达方法,不断丰富自己的句型储备。

(三)词汇拓展的有效途径与策略

词汇拓展有多种有效的途径和策略。阅读是一个极为重要的途径,无论是英语小说、报纸杂志、学术文章还是网络文章,都能让我们接触到大量的新词汇。在阅读过程中,我们可以根据上下文猜测生词的含义,然后通过查词典来确认和加深理解。例如,在阅读一篇关于科技的文章时,可能会遇到"artificial intelligence"(人工智能)、"algorithm"(算法)等专业词汇,通过阅读和学习这些词汇,我们的科技领域词汇量就能得到提升。

另一个途径是观看英语影视作品。影视作品中的对话通常比较贴近生活实际,包含了丰富的日常词汇和口语表达。通过观看影视作品,我们可以学习到不同场景下的词汇用法,还能感受到英语的语音、语调以及文化背景。此外,参加英语词汇学习课程或培训也是一个不错的选择。这些课程通常由专业的教师授课,会系统地讲解词汇的记忆方法、构词法以及词汇的运用技巧。

联想记忆法可以将新学的词汇与已有的知识或生活经验联系起来,形成有趣的联想,能够加深记忆。例如,将"pest"(害虫)与"pest control"(害虫防治)联系起来记忆。同时,要定期复习和巩固所学的词汇。可以制定一个词汇复习计划,每隔一段时间就回顾之前学过的词汇,通过阅读、写作或口语练习来强化记忆。

(四)句型拓展的具体方法与实践要点

句型拓展有一系列具体的方法和实践要点。首先,学会运用不同类型的从句是关键。定语从句可以用来修饰名词或代词，为句子增添更多的信息和细节，例如，"The book which I bought yesterday is very interesting."（我昨天买的那本书非常有趣）状语从句可以表示时间、地点、原因、条件等关系，丰富句子的逻辑结构，例如，"If it rains tomorrow, we will stay at home."（如果明天下雨，我们就待在家里）名词性从句可以在句子中充当主语、宾语、表语等成分，使表达更加复杂和准确，例如，"What he said is true."（他所说的是真的。）。

倒装句也是一种有效的句型拓展方式。倒装句可以强调句子中的某个成分，或者使句子结构更加平衡，例如，"Not only does he like reading, But also he enjoys writing."（他不仅喜欢阅读，而且喜欢写作）强调句则可以突出重点信息，增强表达的力度，例如，"It is books that give me knowledge and pleasure."（是书籍给了我知识和快乐。）

在实践过程中，要注意避免使用过于复杂的句型。虽然丰富的句型可以提升表达层次，但过于复杂的句子可能会让听众或读者难以理解。要根据交流的对象和情境选择合适的句型，确保表达清晰流畅。同时，要多进行句型改写练习。将一个简单句改写成复合句或其他类型的句子，通过不断的练习来提高句型运用的灵活性。此外，在写作和口语表达中要有意识地运用新学的句型，将其融入日常的语言交流中，逐渐形成习惯，使自己的口语表达更加丰富多样。

四、反馈与修正：持续提高口语准确性

（一）自我评估在口语提升中的关键地位

自我评估在口语提升过程中占据着关键的地位。自我评估是指个体对自己口语表达的各个方面进行分析和判断，包括发音、词汇使用、语法正确性、流利度以及表达的逻辑性等。例如，在完成一段口语表达后，自己思考发音是否清晰准确，是否存在某些单词发音模糊或错误的情况。

自我评估能够促使我们更加关注自身口语存在的问题，从而有针对性地进行改进。我们是自己口语表达的直接参与者，对表达过程中的感受和出现的问题有最直接的体会。通过自我评估，我们可以及时发现自己在口语练习中容易忽略的细节问题，如习惯性的语法错误、词汇选择不当等。而且，自我评估能够培养我们的自我反思能力和自主学习能力，使我们在口语学习中逐渐变得更加独立和主动。

为了有效地进行自我评估，首先要在每次口语练习后留出专门的时间进行反思。可以将自己的口语表达录下来，然后回放，仔细倾听发音、语调、语速等方面的问题。同时，对照语法规则和词汇用法，检查自己在表达中是否存在语法错误和词汇用法不当的情况。还可以制订一个自我评估表格，列出发音、词汇、语法、流利度等评估项目，在每次练习后根据实际情况进行打分和记录，以便直观地看到自己的进步和不足。此外，要保持客观的态度，不回避自己存在的问题，勇于面对并积极寻求改进的方法。

（二）他人反馈对口语改进的重要意义

他人反馈对于口语的改进具有至关重要的意义。他人反馈包括来自英语教师、同学、英语母语者或其他语言交流伙伴的评价和建议。例如，教师可以指出我们在语法结构、发音准确性等方面存在的系统性问题；同学可以分享他们在学习过程中遇到的类似问题和解决方法；英语母语者则能够从更地道的语言角度给予反馈。

他人能够从不同的视角和经验出发，发现我们自己难以察觉的问题。他们的反馈可以帮助我们拓宽对口语表达的认识，了解到不同文化背景下对语言表达的期望和要求。而且，他人反馈可以提供具体的改进建议和学习资源，使我们的口语提升更有方向性和针对性。比如，英语教师可能会推荐一些有针对性的发音练习材料或语法学习书籍，以帮助我们解决特定的问题。

为了获取他人的反馈，我们应该积极主动地与他人交流和互动。参加英语口语小组或俱乐部，与其他学习者共同练习口语并互相给予反馈。同时，要尊重他人的反馈意见，即使有些意见可能比较尖锐或与自己的观点不同，也要以开放的心态去接纳。可以将他人的反馈进行分类整理，如发音问题、语法问题、词汇问题等，然后针对不同类型的问题制订相应的改进计划。此外，在与英语母语者交流时，要善于提问，主动寻求他们对自己口语表达的看法和建议，例如询问某些表达方式是否地道、自然。

（三）利用技术工具辅助反馈与修正

利用技术工具辅助口语反馈与修正是一种有效的方法。如今有许多先进的技术工具可以为我们的口语学习提供帮助，如语音识别软件、在线口语评测平台等。例如，一些语音识别软件可以将我们的口语表达转化为文字，并与标准文本进行对比，指出发音错误和语法错误。

技术工具具有高效、准确和便捷的特点。它们可以快速地对我们的口语进行分析和评估，不受时间和空间的限制。而且，技术工具通常基于大量的语言数据和先进的算法，能够提供较为客观和全面的反馈。例如，在线口语评测平台可以根据发音、流利度、词汇语法等多个维度对我们的口语进行打分和评价，让我们清楚地了解自己的口语水平和存在的问题。

在利用技术工具时，要选择适合自己的工具。可以先了解不同工具的功能和特点，然后根据自己的需求和学习阶段进行选择。例如，对于初学者，可以选择一些操作简单、反馈直观的语音识别软件；对于有一定基础的学习者，可以尝试使用更专业的在线口语评测平台。在使用过程中，要认真分析工具给出的反馈信息，理解其中的含义和改进建议。同时，不要完全依赖技术工具，要将其与自我评估和他人反馈相结合，综合运用多种方法来提高口语准确性。此外，要定期使用技术工具进行检测和评估，观察自己在一段时间内的进步情况，及时调整学习策略。

（四）建立反馈与修正的长效机制

建立反馈与修正的长效机制对于持续提高口语准确性至关重要。这意味着将反馈与修正融入日常的口语学习和练习中，使其成为一个持续的、循环的过程。例如，制订一个定期的口语评估计划，每周或每月对自己的口语进行一次全面的评估和反思。

口语能力的提升是一个长期的过程，需要不断地进行反馈和修正。如果没有建立长效机制，可能会出现反馈和修正的间断，导致问题得不到及时解决，口语水平难以持续提高。而且，长效机制可以帮助我们养成良好的学习习惯和自我管理能力，使我们在口语学习中更加自律和有计划。

为了建立长效机制，首先，要设定明确的目标和计划。确定自己在一定时间内想要达到的口语水平和具体的改进目标，如提高发音准确性、增加词汇量、改善流利度等，并根据这些目标制订详细的学习计划和评估时间表。其次，要保持坚持和耐心。在实施长效机制的过程中，可能会遇到困难和挫折，但是要相信通过持续的努力和改进，口语能力一定会逐步提高。可以将口语学习与日常生活相结合，例如每天用英语进行简单的交流、记录自己的口语学习心得等。同时，要不断调整和优化机制。根据自己的学习进展和实际情况，及时调整反馈和修正的方法、频率和重点，确保机制始终适应自己的学习需求。此外，要定期回顾和总结自己的口语学习历程，分析在反馈与修正过程中的经验和教训，为下一步的学习提供参考和借鉴。

第三节　增强英语口语的交际效果

一、非语义信息的有效结合：肢体语言与面部表情

（一）肢体语言在英语交流中的重要性与体现

肢体语言在英语交流中具有至关重要的意义。肢体语言包括手势、姿势、身体动作等，它能够强化和补充语言所传达的信息，使交流更加生动、丰富。例如，当用英语表达"过来"时，配合招手的手势会让对方更清晰地理解你

的意图。

　　肢体语言可以跨越语言障碍，辅助语言表达。在某些情况下，即使语言不通，通过恰当的肢体语言也能传递出基本的信息。在英语交流环境中，它能增强表达的感染力和说服力。比如在做英语演讲时，适度的身体移动和手势运用可以吸引听众的注意力，使演讲更具吸引力。同时，肢体语言还能反映出说话者的情绪状态和态度。例如，挺直的身姿和坚定的步伐可能显示出自信和决心，而低头、缩肩可能传达出不自信或紧张。

　　为了更好地运用肢体语言进行英语交流，首先，要注意肢体语言的协调性和自然性。肢体动作应该与语言表达相配合，不能过于夸张或生硬。例如，在讲述一个激动人心的故事时，可以配合一些较大幅度的手势来增强情感表达，但要确保这些动作自然流畅。其次，要了解不同肢体语言在英语文化中的含义。比如，在英语国家，点头通常表示同意或理解，摇头表示不同意，但在一些其他文化中可能有不同的含义。因此，在与英语母语者交流时，要确保自己的肢体语言符合英语文化的习惯。同时，要根据交流的场合和对象来调整肢体语言。在正式场合，肢体语言应更加稳重、得体；在非正式场合，可以相对放松一些，但也要保持礼貌和尊重。此外，通过观察英语母语者的肢体语言，学习他们的运用方式和习惯，不断提升自己在英语交流中肢体语言的运用能力。

（二）面部表情在增强交流效果方面的作用

　　面部表情在增强英语交流效果方面发挥着重要作用。面部表情包括眼神交流、微笑、皱眉等，它能够直观地传达情感和态度。例如，微笑可以传递友好和善意。在与他人用英语交流时，一个真诚的微笑能够迅速拉近彼此的距离。

　　面部表情可以为语言增添情感色彩。在英语交流中，单纯的语言可能会显得比较生硬和缺乏情感，而面部表情能够赋予语言生命力，让对方更好地理解说话者的真实情感。比如，在表达惊讶时，瞪大的眼睛和张开的嘴巴可以让这种情感更加生动地传达出来。而且，眼神交流在英语交流中尤为重要，它可以表示专注和尊重。当与对方进行眼神接触时，会让对方感觉到你在认真倾听和关注他们的发言。

要充分发挥面部表情在英语交流中的作用，首先要保持眼神的专注和真诚。在交流过程中，要适时地与对方进行眼神交流，但不要长时间凝视，以免给对方造成压力。例如，在倾听对方说话时，可以用温和的眼神表示关注和理解。其次，要学会运用微笑来营造积极的交流氛围。微笑应该是自然而真诚的，根据交流的情境和内容恰当地运用。比如，在问候和表达友好时，微笑可以让对方感受到你的善意。同时，要注意面部表情的适度性。表情不能过于夸张或虚假，要与语言表达和交流情境相匹配。例如，在严肃的讨论或表达不同意见时，过于夸张的面部表情可能会让人觉得不专业或不认真。此外，可以通过对着镜子练习不同的面部表情，观察自己的表情变化，提高对面部表情的控制能力，在英语交流中更加自然、有效地运用。

（三）肢体语言与面部表情的相互配合与协调

肢体语言和面部表情在英语交流中需要相互配合和协调。只有两者相互融合，才能发挥出最佳的交流效果。例如，在讲述一个有趣的英语故事时，生动的面部表情如笑容和夸张的眼神，再加上手舞足蹈的肢体动作，可以让故事更加引人入胜。

肢体语言和面部表情共同构成了非语义信息的整体，它们相互补充、相互强化。肢体语言可以增强面部表情的表现力，面部表情也可以为肢体语言赋予情感内涵。比如，当用英语表达兴奋时，不仅可以用跳跃、挥手等肢体动作来体现，还需要配以兴奋的面部表情，如大笑、放光的眼神等，这样才能让对方更深刻地感受到这种兴奋。

为了实现肢体语言和面部表情的良好配合与协调，需要在交流中保持整体的一致性。比如，当面部表情传达出友好和开放的态度时，肢体语言也应该是放松和接纳的，避免出现面部微笑而肢体却僵硬或封闭的不协调情况。在准备英语交流时，可以预先设计好肢体语言和面部表情的组合，根据交流的主题和目的进行规划。例如，在进行英语商务谈判时，要保持沉稳的面部表情和得体的肢体语言，显示出专业和自信。同时，在交流过程中要注意观察对方的反应，根据对方的反馈及时调整自己的肢体语言和面部表情。如果发现对方对某些表情或动作有疑惑或误解，要及时进行解释和调整。此外，通过不断地实践和反思，逐渐提高肢体语言和面部表情的配合能力，使其成为自然的交流习惯，提升英语交流的效果和质量。

（四）文化差异对肢体语言和面部表情解读的影响

文化差异会对肢体语言和面部表情的解读产生显著的影响。不同的文化背景下，相同的肢体语言和面部表情可能具有不同的含义。例如，在一些亚洲国家，点头表示同意，但在保加利亚，点头却表示不同意。

文化背景塑造了人们对非语义信息的理解和认知方式。在英语国家的文化中，某些肢体语言和面部表情可能具有特定的含义和习惯。文化差异还会影响人们对肢体语言和面部表情的使用频率和方式。例如，在一些文化中，人们更倾向于用丰富的面部表情和肢体语言来表达情感，而在另一些文化中则相对较为克制。

为了应对文化差异对肢体语言和面部表情解读的影响，需要深入了解英语国家的文化和非言语交流习惯。在跨文化的英语交流中，要保持文化敏感度，避免因文化差异而产生误解。例如，在与英语母语者交流时，注意观察他们的肢体语言和面部表情的使用方式，同时也要注意自己的表达方式是否符合对方的文化习惯。如果对某个肢体语言或面部表情的含义不确定，可以礼貌地询问对方。同时，在国际交流场合，要尊重不同文化的差异，保持开放和包容的心态，学会适应和理解不同文化背景下的非言语交流方式，以实现有效的跨文化英语交流。

二、积极倾听与适时反馈：促进对话流畅进行

（一）积极倾听

积极倾听在英语对话中具有关键的意义。积极倾听意味着全身心地投入到对方的话语中，不仅要听到对方所说的词汇和句子，更要理解其背后的含义、情感和意图。例如，当对方用英语分享一段经历时，积极倾听能够帮助我们捕捉到故事中的关键细节、情感起伏以及潜在的需求。

积极倾听是有效沟通的基础。在英语交流中，如果只是表面地听取对方的话语，而没有真正理解，很容易导致误解和沟通障碍。通过积极倾听，我们可以建立起与对方的信任和共鸣，让对方感受到我们对他们的尊重和关注。同时，积极倾听有助于我们更好地掌握英语语言的实际运用和语境理解。在倾听过程中，我们可以学习到不同的表达方式、词汇用法以及语言习惯，从而提升自己的英语水平。

为了做到积极倾听，首先要保持专注。在英语对话中，排除外界干扰和内心杂念，将注意力集中在对方的话语上。可以通过眼神交流、微微点头等方式向对方表示我们在认真倾听。其次，要理解对方的语境。考虑对方说话的背景、场合以及可能的文化因素，这有助于我们更准确地把握对方的意思。例如，在特定的文化背景下，某些词汇或表达方式可能具有特殊的含义。同时，要避免过早地做出判断或打断对方。给对方充分的时间表达完整的想法，即使我们对某些内容有不同的看法，也应先耐心听完。此外，还可以通过重复对方的关键话语或用自己的语言总结对方的观点来确认理解是否正确，让对方知道我们在认真思考他们所说的话。

（二）理解话语背后的情感与意图

理解话语背后的情感与意图在英语对话中至关重要。语言不仅仅是传递信息的工具，还承载着说话者的情感和意图。例如，当对方用英语说"I'm really frustrated about this."（我对此真的很沮丧），我们不仅要明白

"frustrated"（沮丧）这个词汇的意思，更要体会到对方此刻的情感状态。

只有理解了话语背后的情感与意图，我们才能给予恰当的回应和反馈，使对话更加深入和有意义。如果忽略了情感和意图，可能会做出不恰当的回应，导致对话中断或产生误解。在英语交流中，情感和意图的传达往往通过词汇的选择、语气的变化、语速的快慢等多种方式。比如，急促的语速和升高的语调可能表示激动或焦虑，而缓慢低沉的语调可能暗示着悲伤或沉思。

要理解话语背后的情感与意图，需要培养对语言细节的敏感度。注意对方的语气、重音和停顿。例如，在"I really love this book."（我真的很喜欢这本书）这句话中，如果"really"（真的）被重读，就更加强调了喜爱的程度。同时，结合语境进行分析。考虑对话发生的时间、地点、主题以及双方的关系等因素。比如，在工作场合和休闲场合，同样的话语可能具有不同的情感和意图。此外，还可以通过观察对方的面部表情和肢体语言来辅助理解。一个微笑、一个皱眉或者一个手势都可能透露对方的情感状态和内心想法。在英语对话中，要将这些非语言信息与语言信息相结合，全面准确地理解对方的情感与意图。

（三）适时反馈

适时反馈在维持英语对话中发挥着重要的作用。适时反馈是指在对方表达观点或分享信息后，我们及时给予回应，让对方知道我们在认真倾听并理解了他们的话语。例如，在对方讲述完一段经历后，我们可以用英语说"That sounds interesting. Go on, please."（那听起来很有趣，请继续。）

适时反馈可以保持对话的连贯性和互动性。它向对方传达了我们对对话的参与和兴趣，鼓励对方继续分享更多的信息。如果没有适时反馈，对方可能会觉得自己的话语没有得到重视，从而导致对话停滞或失去动力。适时反馈还可以帮助我们澄清疑问、确认理解，避免误解的产生。例如，当我们不太理解对方的某个观点时，可以说"I'm not quite sure I understand. Could you explain it again?"（我不太确定我理解了，你能再解释一下吗？）

为了进行适时反馈，首先要注意反馈的及时性。在对方说完一段话后，尽快给予回应，不要让沉默的时间过长。其次，反馈的内容要具有针对性。可以根据对方的话语内容、情感和意图进行回应，例如表达共鸣、提出问题、给予肯定或建议等。比如，对方说"I'm thinking of taking a trip to Europe."（我正在考虑去欧洲旅行）我们可以回应"Europe is a great choice. Which countries are you planning to visit?"（欧洲是个很棒的选择，你计划去哪些国家呢）。同时，要注意反馈的方式和语气。保持友好、真诚的态度，使用恰当的语言和表达方式。避免过于生硬或冷漠的反馈，以免影响对话的氛围。此外，还可以通过肢体语言和面部表情来增强反馈的效果。例如，微笑、点头、眼神交流等都可以让对方感受到我们的积极参与和关注。

（四）反馈的运用策略与技巧

在英语对话中，存在不同类型的反馈，并且有相应的运用策略和技巧。一种常见的反馈类型是肯定性反馈，例如用英语说"Well done!"（做得好！）"That's a great idea!"（那是个很棒的主意！）等。肯定性反馈能够增强对方的自信心和积极性，鼓励他们继续表达。另一种是疑问性反馈，比如"Could you explain it in more detail?"（你能解释得更详细一些吗？）"What do you mean by that?"（你那样说是什么意思？）。疑问性反馈有助于我们获取更多的信息，深入了解对方的观点，同时也让对方感受到我们对话题的兴趣和思考。

还有一种是补充性反馈，即我们在对方的基础上，补充自己的相关信息或观点。例如，对方说"I like reading novels."（我喜欢读小说）我们可以回应"So do I. I also enjoy reading science fiction novels. Have you read any?"（我也是，我还喜欢读科幻小说。你读过吗？）

在运用这些反馈类型时，要根据对话的情境和目的进行选择。如果希望鼓励对方继续分享，可以多使用肯定性反馈；如果想要深入探讨某个话题，疑问性反馈会更合适；而补充性反馈可以丰富对话内容，拓展话题。同时，要注意反馈的度,避免过度肯定或过度质疑。在使用疑问性反馈时,要注意提问的方式和语气,不要让对方感到被质问或冒犯。在进行补充性反馈时,要确保自己的补充是有价值的、相关的,并且不会打断对方的思路或主导对话。此外,要不断练习和反思自己的反馈技巧,根据对方的反应和对话的效果进行调整和改进,以提升英语对话中反馈的质量和效果。

三、文化共鸣与情感交流:建立深层次联系

(一)文化共鸣在英语交流中的关键作用

文化共鸣在英语交流中起着关键的作用。文化共鸣是指在交流过程中,双方因为对彼此文化的理解和认同而产生的一种心灵上的契合和共振。例如,当与英语母语者谈论莎士比亚的作品时,如果我们对英国文学和文化有一定的了解,就能更好地理解对方对莎士比亚的情感和观点,从而建立起更深入的交流。

文化是语言的根基,语言承载着文化的内涵和价值观。在英语交流中,文化共鸣能够打破文化壁垒,增进彼此的理解和信任。如果缺乏文化共鸣,可能会出现误解或交流障碍。比如,一些英语习语和典故背后蕴含着特定的文化背景,如果不了解这些文化知识,就难以准确理解其含义。而且,文化共鸣能够丰富交流的内容和层次,使对话更加有趣和有意义。当双方都能从文化的角度去探讨问题时,交流就不再局限于表面的信息传递,而是能够深入到思想和情感的层面。

为了培养文化共鸣,首先要加强对英语国家文化的学习。可以通过阅读英语文学作品、观看英语电影和纪录片、了解英语国家的历史和传统等方式,拓宽自己的文化视野。在交流中,要善于发现和分享文化的相似之处和差异点。例如,当谈论节日时,可以对比中国和英语国家的节日文化,找到共同的庆祝元素和独特的文化特色,从而引发文化共鸣。同时,要尊重和包容不同的文化观点和习惯。在交流中,避免对其他文化进行片面的评价或批评,

而是以开放的心态去接纳和理解,这样才能建立起良好的文化共鸣氛围。

(二)情感交流对深化英语沟通的重要性

情感交流对于深化英语沟通具有极其重要的意义。情感交流是指在交流过程中,双方通过语言和非语言的方式表达和传递自己的情感,从而建立起情感上的连接。例如,当用英语表达自己的喜悦、悲伤或愤怒等情感时,如果对方能够理解并给予相应的情感回应,就会使交流更加深入和真实。

这是因为情感是人类沟通的核心要素之一,它能够拉近人与人之间的距离,使交流更加人性化。在英语沟通中,情感交流能够让对方感受到我们的真诚和关心,从而增强彼此的信任感和亲近感。如果只是进行理性的信息交流,而忽略了情感的表达和传递,交流就会显得生硬和冷漠。而且,情感交流能够丰富语言的表现力,使我们的英语表达更加生动和富有感染力。例如,在表达感谢时,不仅仅说"Thank you",还可以加上一些情感色彩浓厚的词语,如"Thank you so much. I really appreciate it."(非常感谢你,我真的很感激。)

为了加强情感交流,首先要学会用恰当的词汇和表达方式来传达情感。英语中有许多表达情感的词汇和短语,如"happy"(高兴的)、"sad"(悲伤的)、"excited"(兴奋的)等,要根据具体的情感状态选择合适的词汇。同时,要注意语气和语调的运用。不同的语气和语调可以传达不同的情感,比如柔和的语气可能表示关心,激动的语调可能表示兴奋。在非语言方面,要注意面部表情和肢体语言的配合。一个微笑、一个拥抱或者一个眼神都可以传递出丰富的情感信息。此外,要积极倾听对方的情感表达,并给予适当的回应和支持。当对方分享自己的情感时,要表示理解和同情,让对方感受到被关心和重视。

(三)文化与情感在建立深层次联系中的相互促进

文化和情感在建立深层次联系中相互促进,共同发挥着重要的作用。文化为情感交流提供了背景和素材,情感则为文化的传递和理解注入了活力和温度。例如，在谈论英语国家的传统音乐时，我们对这种音乐文化的欣赏和喜爱就是一种情感的表达，而这种情感又会促使我们更深入地去了解音乐背后的文化内涵。

文化和情感是紧密相连的。文化是情感的载体，情感是文化的灵魂。在英语交流中，当我们分享对某个文化现象的情感体验时，会让对方更容易理解和接受这种文化，同时也使我们自己对文化的理解更加深刻。比如，当我们表达对英国乡村风景的喜爱之情时，这种情感会引发对方对英国乡村文化的共鸣，从而促进彼此对文化的深入探讨。而且，情感的交流能够打破文化的陌生感和隔阂，使文化的传递更加自然和顺畅。当我们用真诚的情感去讲述一个文化故事时，对方更容易被故事所吸引，进而产生对文化的兴趣和认同。

为了实现文化与情感的相互促进，在交流中要将文化和情感有机地结合起来。可以通过分享自己对英语国家文化的情感体验来引发对方的共鸣，例如讲述自己阅读一本英语名著时的感动和启发。同时，要从情感的角度去解读文化现象，让文化变得更加生动和有趣。比如，在介绍英国的茶文化时，可以分享人们在喝茶时所感受到的宁静和愉悦。此外，要善于利用情感的力量去推动文化的交流和融合。当我们对英语国家的文化充满热情和尊重时，这种情感会传递给对方，促使对方也以积极的态度来回应我们的文化交流，从而建立起更加深厚的联系。

（四）克服文化与情感差异的策略与方法

在英语交流中，我们需要克服文化与情感差异带来的挑战，以建立深层次的联系。文化和情感差异可能导致误解和沟通障碍，但通过正确的策略和方法，我们可以有效地应对这些差异。例如，不同文化对于情感的表达和理解方式可能不同，有些文化比较含蓄，有些文化则比较直接。

为了克服文化与情感的差异，首先要增强文化敏感度。了解不同文化之间的差异，包括价值观、信仰、礼仪和情感表达方式等方面的差异。在交流中，要时刻保持对文化差异的警觉，避免因为文化盲点而产生误解。其次，要学会换位思考。站在对方的文化和情感角度去理解他们的观点和行为，尊重对方的文化习惯和情感需求。例如，当对方的情感表达方式与我们不同时，不要轻易地做出评判，而是尝试去理解背后的文化原因。同时，要进行有效的沟通和解释。当遇到文化或情感差异导致的误解时，要及时进行沟通，用清晰、恰当的语言解释自己的观点和意图，同时也要倾听对方的解释，共同寻求解决问题的方法。此外，还可以通过共同参与文化活动和情感体验来增进彼此的理解和信任。例如，一起观看英语电影、品尝英语国家的美食、参加文化节日庆祝活动等，在这些活动中分享情感体验，促进文化的交流和融合，逐渐克服文化与情感差异带来的障碍，建立起更加稳固和深层次的联系。

四、灵活应对文化冲突与误解：展现跨文化沟通能力

（一）文化冲突在英语交流中的常见表现

在行为习惯上，不同文化的礼仪规范和社交行为差异也会导致冲突。比如在一些东方文化中，人们习惯在公共场合保持相对安静，但在某些英语国家，人们在公共场合的交流可能会比较随意和大声。在交流风格方面，有的文化倾向于间接、含蓄的表达，而有的文化则更偏向于直接、明确的沟通方式。例如，英语国家的人在商务谈判中可能更直接地表达自己的观点和需求，而一些有东方文化背景的人可能会先进行一些铺垫和暗示。

不同文化在长期的历史发展和社会演变中形成了各自独特的价值观、行为准则和交流模式。当不同文化背景的人进行英语交流时，这些差异就容易引发冲突。语言是文化的载体，词汇和语法结构的背后蕴含着特定文化的内涵和思维方式。行为习惯和交流风格则受到文化中社会规范、教育体系以及家庭环境等多种因素的影响。

（二）文化误解在英语沟通中的潜在影响

文化误解在英语沟通中具有潜在的深远影响。它可能导致信息传递的偏差和失真。当一方对另一方的文化背景缺乏了解或存在误解时，可能会错误地理解对方所传达的信息，进而影响交流的准确性和有效性。例如，在英语交流中，如果不了解英语国家的幽默方式和文化背景，可能会把对方的一句玩笑话当真，从而产生不必要的误会。

文化误解还可能破坏人际关系和信任。在跨文化交流中，人们往往基于对彼此文化的理解和尊重来建立良好的关系。如果出现文化误解，可能会让对方感到不被尊重或受到冒犯，从而损害彼此之间的信任和友好关系。比如，在某些文化中，直接拒绝他人的请求可能被视为不礼貌，但在另一些文化中，直截了当地表达是常见的做法。如果因为这种差异而产生误解，就可能影响双方的关系。

此外，文化误解还可能阻碍跨文化合作与交流的顺利进行。在国际商务、学术交流等领域，不同文化背景的人们需要进行合作。如果存在文化误解，可能会导致合作过程中的沟通不畅、决策失误以及效率低下等问题。例如，在项目合作中，由于对不同文化的工作方式和时间观念的误解，可能会引发团队内部的矛盾和冲突。

文化误解缘于文化之间的差异以及人们对其他文化的认知不足。人们往往会根据自己的文化背景和经验来理解和解释他人的行为和语言，而这种以自我文化为中心的思维方式容易导致误解的产生。同时，不同文化之间的信息不对称和缺乏有效的跨文化沟通培训也是造成文化误解的重要原因。

（三）应对文化冲突的策略与原则

应对文化冲突需要遵循一定的策略和原则。保持开放和包容的心态是关键。要认识到文化差异的存在是正常的，尊重并接纳不同文化的特点和习惯。不能因为文化差异而产生偏见或歧视，而是以平和、理性的态度去面对和处理文化冲突。例如，当遇到与自己文化习惯不同的行为或观点时，不要急于否定或批评，而是尝试去理解其背后的文化原因。

增强文化敏感度也是重要的策略。要努力学习和了解不同文化的特点、价值观和行为模式，提高对文化差异的感知能力。通过阅读相关的文化书籍、观看跨文化交流的影视作品、参加文化交流活动等方式，拓宽自己的文化视野，以便在英语交流中能够更好地理解和应对文化冲突。

在处理文化冲突时，还应遵循平等和相互尊重的原则。尊重对方的文化和观点，不将自己的文化标准强加于他人。在交流中，要学会倾听对方的意见和想法，避免一味地强调自己的文化立场。例如，在讨论问题时，给予对方充分的表达机会，认真倾听并思考对方的观点，通过平等的对话和协商来解决冲突。

此外，灵活适应和调整也是应对文化冲突的有效策略。在英语交流中，要根据不同的文化情境和对方的文化背景，适时调整自己的语言表达、行为方式和沟通策略。不要固执地坚持自己的文化习惯，而是要学会在不同文化之间找到一个平衡点，以实现有效的沟通和交流。

（四）化解文化误解的方法与途径

化解文化误解有多种方法和途径。加强文化教育和培训是基础。在英语学习过程中，应融入跨文化教育的内容，让学习者了解英语国家的文化背景、社会习俗和价值观念等方面的知识。学校、培训机构等可以开设专门的跨文化沟通课程，通过课堂教学、案例分析等方式，提高学习者的跨文化意识和沟通能力。

积极沟通和解释是化解文化误解的重要手段。当出现文化误解时，要及时与对方进行沟通，用清晰、准确的语言解释自己的文化背景和意图，同时也要认真倾听对方的解释和观点。在沟通中，要避免使用模糊、歧义的语言，尽量用具体、明确的表达方式来消除误解。例如，如果对方对某个文化习俗或行为产生了误解，可以耐心地向对方解释其背后的文化含义和原因。

培养跨文化交际的反思能力也很关键。在英语交流后，要对交流过程中出现的文化冲突和误解进行反思和总结，分析问题产生的原因和自己在处理过程中的不足之处，以便在今后的交流中加以改进。可以通过写交流日记、与他人交流经验等方式来进行反思，不断提高自己的跨文化沟通能力。

此外，建立跨文化交流的合作平台和渠道也有助于化解文化误解。例如，通过国际学生交流项目、国际学术会议、跨国企业合作等形式，让不同文化背景的人们有更多的机会进行交流和互动，在实际的合作和交往中逐渐消除文化误解，增进彼此之间的理解和信任。

第五章　英语跨文化阅读与写作深度剖析

第一节　英语跨文化阅读策略

一、预览与英语文化背景知识建立

（一）了解英语文化背景知识的必要性

了解英语文化背景知识是至关重要的。在英语学习和交流中，文化背景知识是理解语言内涵和准确表达的关键支撑。语言与文化紧密相连，英语中的词汇、短语、句子结构以及表达方式都深深扎根于其独特的文化土壤之中。例如，英语中有许多习语和谚语，如果不了解其背后的文化背景，就很难准确理解和恰当运用。像"An apple a day keeps the doctor away."（一天一苹果，医生远离我）这句话，它不仅仅是关于吃苹果和健康的简单陈述，还反映了西方文化中对健康和饮食的一种观念。

文化背景赋予了语言特定的意义和情感色彩。英语国家的历史、社会、宗教、价值观等因素共同塑造了英语语言的特点和使用方式。不了解这些文化背景，可能会导致在交流中出现误解或表达不当。而且，了解英语文化背景知识有助于提升英语学习的兴趣和动力。当我们明白语言背后的文化故事和意义时，会觉得学习英语变得更加有趣和有意义，不再仅仅是枯燥的词汇和语法记忆。

为了满足了解英语文化背景知识的需求，我们可以从以下三个方面入手：首先，阅读英语国家的经典文学作品是一个很好的途径。文学作品是文化的精华体现，通过阅读如《简·爱》《傲慢与偏见》等经典小说，可以深入了解英国当时的社会风貌、人们的生活方式和价值观念。其次，观看英语电影、电视剧和纪录片也能直观地感受英语文化。这些影视作品涵盖了丰富的文化元素，包括风俗习惯、社交礼仪、家庭观念等。最后，关注英语国家的新闻和时事动态，可以让我们了解他们的社会现状和发展趋势，以及文化的演变。

（二）预览对构建文化背景知识的基础性作用

预览在构建英语文化背景知识方面发挥着基础性的作用。预览是在正式学习或接触英语材料之前的一种预先了解和熟悉的过程。通过预览，我们可以对即将学习的内容有一个大致的认识，包括主题、背景、可能涉及的文化元素等。例如，在阅读一篇英语文章之前，先浏览标题、插图、开头和结尾，能够帮助我们猜测文章的大致内容。

预览为后续的深入学习和理解提供了一个引导。它可以激活我们已有的知识，让我们带着一定的背景信息和问题进行正式的学习。在英语学习中，很多时候我们会遇到一些具有浓厚文化背景的材料，如果没有预览，可能会在理解上感到困难。比如，当我们拿到一本介绍英国王室的英语书籍时，通过预览书中的目录、前言、图片等，可以初步了解英国王室的历史、结构、角色等方面的信息，这样在阅读正文时就能更有针对性地理解其中的文化内涵。

要有效地发挥预览的作用，我们可以采取一些具体的方法。在阅读英语材料时，可以先快速浏览标题、副标题、章节标题等，这些通常会揭示文章的主题和结构。同时，注意材料中的插图、图表、引用等，它们往往也包含着重要的文化信息。对于听力材料，可以先查看相关的文字介绍、题目要求等，对听力的主题和情境有一个初步的把握。此外，还可以利用互联网搜索与材料相关的文化背景知识，提前进行了解和学习，这样在进行预览时就能更好地理解其中的关键信息。

（三）文化背景知识对预览效果的提升

文化背景知识对于提升阅览效果具有显著的意义。当我们已经具备一定的文化背景知识时，预览会变得更加高效和深入。文化背景知识为我们提供了一个理解和解读英语材料的框架和视角，使我们能够更准确地把握预览中所获取的信息。例如，当我们了解了西方节日文化的背景知识后，在预览一篇关于圣诞节的英语文章时，就能更容易理解文中提到的圣诞习俗、传统活动等内容，并且能够快速抓住文章的核心要点。

文化背景知识可以帮助我们识别和理解材料中的文化符号、隐喻和暗示。英语材料中常常会出现一些具有文化特定含义的词汇、表达方式或意象，如果我们缺乏相应的文化背景知识，可能会忽略这些重要的信息或者产生误解。比如，"the lion is the king of the jungle"（狮子是丛林之王）这句话。如果我们知道在西方文化中狮子常常象征着力量和权威，就能更好地理解这句话所传达的隐含意义。

为了利用文化背景知识提升预览效果，我们需要不断地积累和巩固文化背景知识。可以准备一个文化知识笔记本，将平时学习和了解到的文化知识点记录下来，定期进行复习和整理。在预览时，要主动地将已有的文化背景知识与预览的材料进行联系和对比，思考这些知识如何帮助我们更好地理解材料。同时，当在预览中遇到新的文化元素时，要及时进行记录和学习，不断丰富自己的文化知识储备，从而形成一个良性循环，使文化背景知识和预览效果相互促进、共同提升。

（四）如何在预览中系统掌握文化背景知识

在预览过程中，我们可以通过一系列方法来系统地掌握文化背景知识。首先，要养成预览的习惯和意识。在接触任何英语材料之前，都要有主动预览的思维模式，将其作为学习的一个重要环节。无论是阅读书籍、文章，还是收听英语广播、观看英语视频，都需要先花一定的时间进行预览。

其次，在预览时要注重信息的整合和分析。不仅仅是简单地浏览表面信息，还要对获取的信息进行归纳、分类和推理。比如，在预览一篇关于美国历史的英语文章时，将文中提到的历史事件、人物、时间等信息进行整理，分析它们之间的关系和背后的文化意义，从而构建起关于美国历史文化的知识框架。

同时，要善于利用多种资源辅助预览。除了材料本身，还可以借助工具书、网络资源、文化百科等。当遇到不理解的文化知识点时，及时查阅相关资料进行深入了解。例如，在预览中遇到一个不熟悉的英国地名，可以通过地图或网络搜索了解该地区的历史、地理和文化特色。

此外，与他人交流和讨论也是在预览中掌握文化背景知识的有效方法。可以与同学、老师、英语学习者或者英语母语者进行交流，分享彼此在预览过程中发现的文化信息和理解，从不同的角度和观点中获取更多的文化知识和启发。通过不断地实践和积累，我们就能在预览中逐步掌握丰富而系统的英语文化背景知识。

二、主动阅读及关键英语信息提取

（一）主动阅读在英语学习中的地位

主动阅读在英语学习中占据着核心地位。主动阅读意味着积极地参与阅读过程中，而不是被动地接受文字信息。它要求读者有明确的阅读目的，带着问题和思考去阅读，并且能够主动地与文本进行互动。例如，当阅读一篇英语科技文章时，不是仅仅逐字逐句地浏览，而是思考文章的主题、结构以及作者想要传达的主要观点。

主动阅读能够激发读者的思维能力和创造力。在英语学习中，单纯的被动阅读往往只能获取表面的信息，而主动阅读可以促使读者深入分析文本，挖掘隐藏在文字背后的含义和信息。它可以培养读者的批判性思维和逻辑推理能力，帮助读者更好地理解英语文章的内涵。同时，主动阅读有助于提高阅读效率和质量。通过有目的的阅读和积极的思考，读者可以更快地抓住关键信息，减少阅读时间，提高对英语文本的理解程度。

为了实现主动阅读，首先要明确阅读目的。在开始阅读之前，要清楚自己为什么要读这篇文章，是为了获取知识、解决问题，还是为了欣赏文学作品，然后根据阅读目的制订相应的阅读计划和策略。其次，要学会提问。在阅读过程中，不断地向自己提出问题，例如，文章的主旨是什么、作者的观点是什么、论据是否充分等。这些问题可以引导读者更加深入地思考文本内容，同时，要做好笔记。将阅读过程中发现的重要信息、自己的思考和感悟记录下来，方便日后复习和进一步的分析。此外，要进行总结和反思。读完文章后，对阅读过程和所获取的信息进行总结，思考自己从中学到了什么，还有哪些问题需要进一步探讨。

（二）关键英语信息提取的重要意义

关键英语信息提取在英语学习中具有极其重要的意义。关键信息是文本中最核心、最有价值的部分，它能够帮助读者快速把握文章的主旨和要点。例如，在阅读一篇英语新闻报道时，提取出事件的时间、地点、人物、发生原因和结果等关键信息，就能够对整个事件有一个清晰的了解。

在信息爆炸的时代，人们需要面对大量的英语文本，如果不能有效地提取关键信息，就会浪费大量的时间和精力，而且难以准确理解文本的核心内容。对于英语学习者来说，提取关键信息可以提高阅读速度和理解能力，为进一步的学习和应用打下坚实的基础。在英语考试中，对阅读理解部分，能否准确提取关键信息直接关系到答题的准确性和效率。而且，关键信息提取也是进行英语写作、口语表达等语言技能训练的重要基础，只有掌握了丰富的关键信息，才能在输出语言时做到内容丰富、逻辑清晰。

为了提高关键信息提取的能力，需要掌握一些有效的方法。首先，可以从文章的标题和副标题入手。标题通常是对文章内容的高度概括，能够提供关于文章主题和主要内容的重要线索。副标题则往往会进一步细化和解释标题的内容。其次，关注文章的开头和结尾。开头段落通常会引出文章的主题和背景，结尾段落则会总结文章的主要观点和结论。同时，注意文章中的段落主题句。主题句通常位于段落的开头或结尾，它概括了该段落的主要内容。此外，要学会识别关键词和关键短语。这些词汇通常与文章的主题密切相关，是理解文章的关键所在。可以通过标记、划线等方式突出这些关键词和短语，以便在后续的阅读和分析中更加容易地找到它们。

（三）主动阅读与关键信息提取的相互关系

主动阅读和关键信息提取之间存在着紧密的相互关系。主动阅读是关键信息提取的基础和前提。只有进行主动阅读，带着思考和问题去阅读，才能更加敏锐地发现和提取关键信息。例如，如果在阅读英语文章时只是机械地逐字阅读，而没有积极思考文章的结构和逻辑，就很难准确地提取出关键信息。

反过来，关键信息提取又能够促进主动阅读的深入进行。当读者能够有效地提取关键信息时，就会对文章的内容有更清晰的认识，从而能够进一步提出更有深度的问题，进行更深入的思考和分析。例如，通过提取文章中的关键信息，读者可以发现文章中的逻辑漏洞或者观点的不足之处，进而激发进一步的探究和思考的欲望。

在实际的英语学习中，要将主动阅读和关键信息提取有机地结合起来。在阅读过程中，要始终保持主动的阅读状态，不断地提问、思考和分析。同时，要运用各种方法和技巧，有针对性地提取关键信息。例如，在阅读一篇英语议论文时，可以先明确自己的阅读目的，即了解作者的论点和论据，然后在阅读过程中，注意文章中的转折词、因果关系词等，这些词汇往往能够提示关键信息的存在。同时，要对文章中的数据、例子等进行分析，判断它们是否支持作者的观点。通过这样的方式，既实现了主动阅读，又有效地提取了关键信息。

（四）提升主动阅读与关键信息提取能力的策略

为了提升主动阅读与关键信息提取能力，可以采取以下策略：

首先，要进行大量的阅读实践。阅读是提高阅读能力的最基本途径，通过不断地阅读各种类型的英语文章，如新闻、小说、科技文献等，可以逐渐熟悉英语的表达方式和文章结构，提高对关键信息的敏感度。

其次，要学习和运用阅读技巧。例如，略读可以帮助读者快速浏览文章，获取文章的大致内容和结构；精读则可以帮助读者深入分析文章，提取更详细的关键信息。此外，还可以学习猜词技巧，当遇到不认识的单词时，通过上下文的线索和构词法等知识来猜测单词的含义，避免因为个别单词的障碍而影响对关键信息的提取。

同时，要拓宽知识面和词汇量。丰富的背景知识可以帮助读者更好地理解文章的内容，更容易发现关键信息，而丰富的词汇量则可以减少阅读中的词汇障碍，提高阅读速度和理解能力。可以通过阅读英语书籍、观看英语电影、参加英语学习活动等方式来拓宽知识面和增加词汇量。

此外，要进行反思和总结。在每次阅读后，回顾自己的阅读过程和关键信息提取的情况，分析自己的优点和不足，总结经验教训，以便在今后的阅读中不断改进和提高。例如，如果在一次阅读中发现自己因为对某个文化背景知识的缺乏而影响了关键信息的提取，那么在今后的学习中就要加强对相关文化知识的学习。

三、在英语阅读中运用批判性思维

（一）批判性思维对英语阅读的重要性

批判性思维在英语阅读中具有至关重要的意义。批判性思维能帮助读者深入理解英语文本的内涵和背后的逻辑。在阅读英语材料时，不仅仅是获取表面的信息，而是要透过文字去分析作者的意图、观点的合理性以及论据的可靠性。例如，当面对一篇英语议论文时，批判性思维可以促使读者去思考作者提出的论点是否有足够的证据支持，论证过程是否存在逻辑漏洞。

英语阅读材料往往包含着丰富的信息和多样的观点，没有批判性思维的参与，很容易被作者的观点所左右，无法形成自己独立的判断。在英语学习的过程中，批判性思维可以提升读者的分析能力和综合素养，使读者能够更加准确地把握文本的意义和价值。而且，它有助于培养读者的创新思维和问题解决能力。在对英语文本进行批判性思考的过程中，读者需要不断地提出问题、分析问题和解决问题，这一过程能够激发思维的活跃度和创造力。

为了在英语阅读中更好地运用批判性思维，首先要树立批判性思维的意识。在阅读之前，要明确自己不仅仅是信息的接收者，更是一个思考者和评价者。在阅读过程中，始终保持对文本内容的质疑和反思，不盲目接受作者的观点。其次，要培养自己的逻辑思维能力。学会分析文本中的因果关系、归纳推理、演绎推理等逻辑结构，以便能够准确地判断作者的论证是否合理。同时，要拓宽自己的知识视野。丰富的知识储备能够为批判性思考提供有力的支持，使读者能够从多个角度对文本进行分析和评价。

（二）如何识别英语阅读材料中的隐含信息

识别英语阅读材料中的隐含信息是运用批判性思维的重要环节。隐含信息通常不会直接在文本中呈现，而是需要读者通过分析和推理来获取。例如，在一些英语故事中，作者可能通过人物的行为、语言或表情来暗示其内心的情感和想法，这些情感和想法就是其隐含信息。

作者在创作时，为了使文本更加丰富和具有深度，常常会采用含蓄的表达方式。识别隐含信息可以帮助读者更全面地理解文本，把握作者的真正意图。在英语阅读中，词汇的选择、语气的变化、修辞手法的运用等都可能包含着隐含信息。比如，作者使用夸张的修辞手法，可能不仅仅是为了增强表达效果，还可能是在传达某种情感或态度。

要识别隐含信息，首先需要仔细阅读文本，注意文本中的细节和线索。包括词汇的细微差别、句子的结构和语气的变化等。例如，一个单词的褒义或贬义用法可能暗示着作者的情感倾向。其次，要结合文本的背景知识进行分析。包括文化背景、历史背景、社会背景等。不同的背景会赋予文本不同的含义，有助于理解隐含信息。同时，要运用推理和联想的能力。根据已知的信息，通过合理的推理和联想来推测隐含信息。例如，根据人物的一贯行为和当前的情境，可以推断出其可能采取的行动或内心的想法。此外，还可以与其他读者进行交流和讨论，分享对隐含信息的理解和看法，从不同的角度获取启发。

（三）分析英语阅读材料中的观点和证据

在英语阅读中，分析材料中的观点和证据是批判性思维的关键步骤。观点是作者对某个问题或主题的看法和立场，而证据则是用来支持观点的事实、数据、例子等。例如，在一篇英语科普文章中，作者可能提出某个科学理论是正确的观点，并通过实验数据、研究成果等证据来加以支持。

只有对观点和证据进行深入分析，才能判断作者的观点是否可靠，是否具有说服力。在英语阅读材料中，作者的观点可能是片面或主观的，证据也可能不足或不恰当。通过批判性地分析观点和证据，可以避免被不准确或误导性的信息所影响。

要进行有效的分析，首先要明确作者的观点。可以通过阅读文章的标题、开头、结尾以及关键段落来确定作者的主要观点，然后，仔细审查作者提供的证据。判断证据的类型、来源、可靠性和相关性。例如，来自权威机构的研究数据通常比个人观点更可靠，与观点直接相关的证据比无关的证据更有说服力。同时，要思考证据是否足以支持观点，是否存在其他可能的解释或反例，是否需要更多的证据来加强观点的可信度。此外，还可以将不同作者的观点和证据进行比较和对比，分析不同观点之间的差异和冲突，以及各自证据的强弱，从而形成更加全面和客观的判断。

（四）运用批判性思维评价英语阅读材料的价值

运用批判性思维评价英语阅读材料的价值是提升英语阅读能力的重要方面。阅读材料的价值体现在多个方面，包括知识的准确性、思想的深度、文化的内涵以及对读者的启发等。例如，一本经典的英语文学作品可能具有很高的艺术价值和文化价值，能够让读者领略到不同的文化风貌和人文风情。

不同的英语阅读材料质量参差不齐，有些可能存在信息错误、观点片面或缺乏深度等问题。通过批判性思维的评价，可以筛选出有价值的阅读材料，提高阅读的质量和效果。在评价阅读材料的价值时，要考虑材料的准确性和可靠性。检查材料中的信息是否有科学依据或权威来源，是否存在事实错误或虚假信息。同时，要评估材料的思想深度和创新性。思考材料是否能够引发读者的深入思考，是否提出了新颖的观点或见解。此外，还要关注材料的文化价值。分析材料是否有助于了解不同的文化，是否能够促进文化交流和理解。为了更好地进行评价，可以从多个角度进行思考。例如，从自身的需求和兴趣出发，考虑材料是否对自己的学习、工作或生活有帮助；从社会的角度出发，思考材料对社会发展和人类进步是否具有积极意义。同时，要不断提升自己的评价标准和能力，通过阅读更多的优秀作品和与他人交流分享，逐渐形成自己对英语阅读材料价值的准确判断。

四、英语阅读笔记与总结反思

（一）英语阅读笔记的重要意义

英语阅读笔记在英语学习过程中具有极为重要的意义。它是对阅读内容的提炼和整理，能够帮助我们加深对英语文本的理解和记忆。当我们阅读英语材料时，大量的信息扑面而来，如果不通过笔记进行记录和梳理，这些信息很容易被遗忘。例如，在阅读一篇复杂的英语科技文章时，其中可能涉及众多的专业术语、实验步骤和研究结论，通过做笔记可以将这些关键信息有序地记录下来，便于后续的复习和回顾。

笔记能够将我们在阅读过程中的思考和感悟具体化。在阅读英语的过程中，我们会产生各种想法和疑问，把这些及时记录下来，有助于我们进一步深入思考和探索。而且，笔记还可以作为我们学习的积累和沉淀，随着笔记内容的不断丰富，我们的知识体系也会逐渐构建和完善。它为我们后续的学习和研究提供了宝贵的资料，当我们需要查找某个知识点或者回顾某个主题时，阅读笔记可以迅速为我们提供所需的信息。

为了充分发挥英语阅读笔记的作用，我们应该养成良好的笔记习惯。在阅读时，保持专注，随时准备记录重要的信息。可以使用不同的标记和符号来区分不同类型的内容，比如用下划线标记重点词汇，用星号标注自己的感悟和疑问等。同时，要注意笔记的条理性和逻辑性，按照一定的结构和顺序进行记录，例如可以按照文章的主题、段落层次或者知识点的相关性来组织笔记内容。此外，还可以结合图表、思维导图来记录，使笔记更加直观和清晰。

（二）英语阅读笔记的记录方法

英语阅读笔记的记录方法多种多样，需要根据不同的阅读材料和个人需求进行选择和运用。一种常见的方法是概括式记录。在阅读完一段英语文本后，用自己的语言对其主要内容进行概括和提炼，记录下文章的主旨、关键论点和重要细节。这样可以帮助我们锻炼语言概括能力，同时也便于快速回顾文章的核心内容。例如，对于一篇英语记叙文，可以记录下故事的背景、主要人物、事件的发展过程和结局等。

另一种方法是批注式记录。在阅读过程中，直接在文本旁边或者空白处写下自己的理解、感悟、疑问和评论等。这种方法能够紧密结合原文，使我们的思考与文本内容直接关联。比如，当遇到一个难以理解的句子时，可以在旁边标注自己对该句子的分析和猜测；当对作者的某个观点有不同看法时，可以写下自己的理由和观点。

还可以采用分类式记录。根据阅读材料的主题、体裁或者知识点等进行分类，将相关的内容整理在一起。例如，将英语阅读材料中的词汇按照词性、主题或者用法进行分类记录；将关于不同文化主题的文章分别整理在相应的文化类别下。这样有助于我们建立系统的知识结构，方便查找和复习。同时，我们还可以运用列表式记录，将一些并列的信息或者要点以列表的形式呈现出来，使内容更加清晰明了。比如，在阅读一篇介绍英语国家节日的文章时，可以将各个节日的名称、时间和庆祝方式等列成表格记录下来。

（三）总结反思在英语阅读中的关键作用

总结反思在英语阅读中发挥着关键的作用。通过总结反思，我们可以对自己的阅读过程进行全面的审视。它能够帮助我们发现自己在阅读中存在的问题和不足，比如对某些词汇的理解有偏差、对文章结构的把握不准确或者对作者意图的误判等。例如，在完成一篇英语文章的阅读后，通过反思可以意识到自己在阅读速度上还有待提高，或者在理解某些文化背景知识方面存在欠缺。

总结反思可以促使我们将所学的知识进行整合和内化。在阅读英语材料的过程中，我们会接触到大量的信息和知识，只有通过总结反思，将这些分散的知识进行梳理和归纳，才能真正将其转化为自己的知识储备。而且，总结反思能够提升我们的思维能力和学习能力。在反思的过程中，我们需要对阅读材料进行深入分析，思考自己的阅读策略是否有效，如何改进和优化自己的阅读方法等，这有助于我们培养批判性思维和自主学习能力。

为了有效地进行总结反思，我们需要在阅读后留出专门的时间进行思考。可以回顾阅读过程中的难点和重点，分析自己是如何解决问题的，以及还有哪些问题需要进一步解决。同时，要对自己的阅读策略和方法进行评估，思考哪些策略是有效的，哪些需要调整和改进。例如，我们可以思考自己在阅读过程中是如何处理生词的，是否可以采用更好的方法来提高词汇理解能力。此外，还可以将自己的总结反思记录下来，形成书面的总结报告或者学习心得，以便日后查看和参考，不断促进自己的英语阅读能力提升。

（四）如何进行有效的英语阅读总结

要进行有效的英语阅读总结，需要遵循一定的步骤和方法。

首先，在阅读完成后，重新审视阅读材料的整体结构和内容。可以通过回忆文章的主题、段落大意和关键信息等，来检验自己对文章的理解程度。同时，思考文章的逻辑关系和论证过程，分析作者是如何组织和表达观点的。

其次，评估自己的阅读过程和策略。考虑自己在阅读过程中遇到的困难和障碍，以及是如何克服这些困难的。例如，是否因为生词过多而影响了阅读速度，是通过查词典还是根据上下文猜测词义来解决的。还要反思自己所采用的阅读方法是否合适，比如是逐字逐句阅读还是采用略读、精读相结合的方法。

再次，总结自己在阅读中所学到的知识和技能。包括新的词汇、语法结构、表达方式以及阅读技巧等。将这些知识和技能进行分类整理，明确哪些是自己已经掌握的，哪些还需要进一步巩固和提高。

最后，要设定改进的目标和计划。根据总结反思的结果，确定自己在英语阅读方面需要改进的地方，并制订具体的改进目标和计划。例如，如果发现自己的阅读速度较慢，可以设定一个提高阅读速度的目标，并制订相应的练习计划，如定期进行限时阅读训练等。同时，要保持持续的反思和调整。在后续的英语阅读中，不断检验自己的改进效果，根据实际情况及时调整总结反思的方法和改进计划，以实现英语阅读能力的持续提升。

第二节　英语文本中的文化信息挖掘

一、解析英语文化符号与隐喻

（一）文化符号在英语表达中的关键地位

　　文化符号在英语表达中占据着关键的地位。文化符号是特定文化的象征和代表，承载着丰富的文化内涵和意义。在英语中，文化符号常常以词汇、短语、形象等形式出现，它们不仅丰富了英语的表达方式，还传递着英语国家的文化价值观和历史传统。例如，"Big Ben"（大本钟）不仅仅是一个简单的建筑名称，它更是英国文化的重要代表符号，代表着英国的历史、传统和国家形象。

　　文化符号是文化传承和传播的重要载体。英语作为一种语言，其发展和演变与英语国家的文化密切相关。文化符号通过语言的形式被记录和传承下来，成为英语表达中不可或缺的一部分。它们能够帮助人们更好地理解英语国家的文化背景和思维方式，促进跨文化交流和理解。同时，文化符号也为英语语言增添了独特的魅力，使英语表达更加生动、形象、富有感染力。

　　为了更好地理解和运用文化符号，首先需要加强对英语国家文化的学习和了解。可以通过阅读英语文学作品、观看英语电影、了解英语国家的历史和传统等方式，深入了解英语国家的文化背景和文化符号的含义。其次，要注意文化符号在不同语境中的变化和差异。同一个文化符号在不同的语境中可能会有不同的含义和用法，需要根据具体的语境进行理解和分析。同时，要善于运用文化符号来丰富自己的英语表达，提高英语表达的准确性和生动性。例如，在描述英国文化时，可以适当地运用"Big Ben" "London Bridge"等文化符号来增强表达效果。

（二）隐喻在英语语言中的广泛存在

隐喻在英语语言中广泛存在。隐喻是一种修辞手法，它通过将一种事物比作另一种事物来表达某种含义或情感。在英语中，隐喻无处不在，它不仅存在于文学作品中，还存在于日常的英语表达中。例如，"Time is money."（时间就是金钱）就是一个常见的隐喻表达，它将时间比作金钱，强调了时间的珍贵和重要性。

隐喻能够帮助人们更好地理解和表达抽象的概念和情感。英语中有很多抽象的概念和情感，如爱情、幸福、时间等，这些概念和情感很难用直接的方式进行描述和表达。隐喻通过将这些抽象的概念和情感与具体的事物进行类比，使人们能够更加直观地理解和感受它们。同时，隐喻也能够丰富英语语言的表达方式，使英语表达更加生动、形象、富有感染力。

要理解和运用隐喻，首先需要培养对隐喻的敏感度。在阅读和听力过程中，要注意识别和分析隐喻表达，理解隐喻所传达的含义和情感。其次，要学习和掌握常见的隐喻表达方式。英语中有很多固定的隐喻表达方式，如"heart of the matter"（问题的核心）、"a sea of troubles"（无穷的麻烦）等，需要通过学习和积累来掌握这些表达方式。同时，要尝试运用隐喻来丰富自己的英语表达，提高英语表达的水平和能力。例如，在描述自己的心情时，可以使用隐喻表达，如"I'm in a cloud of happiness."（我沉浸在幸福的云端）

（三）文化符号与隐喻的相互关联

文化符号与隐喻之间存在着密切的相互关联。文化符号常常作为隐喻的基础和来源，隐喻则通过对文化符号的运用和解读来传达更加深刻的文化内涵和意义。例如，"Uncle Sam"（山姆大叔）是美国文化的一个重要符号，在英语中，"Uncle Sam"常常被用作隐喻，代表美国政府或美国人民。

文化符号和隐喻都是文化的重要组成部分，它们共同构成了英语语言的文化内涵和表达方式。文化符号为隐喻提供了具体的形象和象征，隐喻则通过对文化符号的重新解读和运用,赋予了文化符号更加丰富的意义和价值。同时,文化符号和隐喻的相互关联也反映了英语国家文化的多元性和复杂性,它们为人们了解和研究英语国家文化提供了重要的线索和途径。

为了更好地理解文化符号与隐喻的相互关联,需要将文化符号和隐喻放在具体的文化背景中进行分析和研究。要了解文化符号的历史渊源、文化内涵和象征意义,以及隐喻的表达方式、语义特征和文化背景。同时,要通过大量的阅读和实践来加深对文化符号和隐喻的理解和运用,提高自己的跨文化交际能力和英语语言水平。例如,在阅读英语文学作品时,可以结合作品的文化背景和历史背景,分析其中文化符号和隐喻的运用,从而更好地理解作品的主题和意义。

(四)理解文化符号与隐喻对英语学习的意义

理解文化符号与隐喻对英语学习具有重要的意义。首先,它能够帮助学习者更好地理解英语语言的文化内涵和背景知识。英语语言是英语国家文化的载体,其中蕴含着丰富的文化符号和隐喻。通过理解这些文化符号和隐喻,学习者可以深入了解英语国家的文化传统、价值观和思维方式,从而更好地理解英语语言的意义和用法。例如,"The apple of one's eye"(某人的掌上明珠)这个短语,如果不了解其背后的文化隐喻,就很难准确理解其含义。

其次,理解文化符号与隐喻能够提高学习者的英语语言运用能力。在英语表达中,恰当地运用文化符号和隐喻可以使语言更加生动、形象、富有感染力。学习者通过学习和掌握文化符号和隐喻,可以丰富自己的语言表达,提高语言的准确性和地道性。例如,在写作和口语表达中,运用一些恰当的隐喻可以使文章或对话更加精彩。

再次,理解文化符号与隐喻还有助于培养学习者的跨文化交际能力。在跨文化交际中,文化符号和隐喻的理解和运用是非常重要的。如果不了解对方文化中的文化符号和隐喻,就容易产生误解和沟通障碍。通过学习和理解文化符号与隐喻,学习者可以更好地适应跨文化交际的环境,提高跨文化交际的效果和质量。

为了提高对文化符号和隐喻的理解，学习者可以采取多种方法。可以通过阅读英语文学作品、观看英语电影、参加英语文化活动等方式，积累文化知识，提高文化素养。同时，还可以结合词典、教材和网络资源，对文化符号和隐喻进行深入的学习和研究。在学习过程中，要注重思考和分析，将文化符号的隐喻与具体的文化背景和语言环境相结合，从而更好地理解和运用它们。

二、分析作者的文化立场与英语表达视角

（一）文化立场对英语表达的深刻影响

文化立场对英语表达有着极为深刻的影响。文化立场是作者在创作过程中所秉持的基于自身文化背景的观点和态度。它会在英语表达的各个方面体现出来，包括词汇选择、句式结构、语气风格等。例如，一位具有强烈本土文化立场的英语作者，在描述家乡的风景时，可能会更倾向于使用充满地域特色的词汇，这些词汇往往承载着特定的文化意义和情感倾向。

文化立场源于作者成长的文化环境、所受的教育以及个人的价值观和生活经验。这些因素共同塑造了作者的思维方式和认知模式，进而影响到他们在英语表达中的选择。不同的文化立场会导致对同一事物或概念有不同的理解和表达方式。比如，在一些文化中，人们更倾向于直接、明确地表达观点，而在另一些文化中，可能会采用更为含蓄、委婉的方式。这种差异在英语表达中会表现得十分明显，影响着信息传递的方式和效果。

为了更好地理解文化立场对英语表达的影响，需要深入了解不同文化的特点和差异。可以通过阅读不同文化背景作者的英语作品，对比分析其中的表达差异。同时，要注重培养文化敏感度，学会从文化的角度去思考和解读英语表达。在学习英语的过程中，不能仅仅局限于语言知识的学习，还要关注语言背后的文化因素。例如，在阅读英语文章时，思考作者的文化背景可

能会如何影响他们的用词和表达方式，尝试理解作者隐藏在文字背后的文化立场和意图。

（二）英语表达视角的多样性与意义

英语表达视角具有丰富的多样性，且具有重要的意义。表达视角指的是作者在叙述或描述事物时所选取的观察角度和切入点。在在英语表达中，不同的视角会带来截然不同的表达效果和信息传递效果。例如，从第一人称视角进行表达，会使读者更能感受到作者的亲身经历和情感体验，增强文章的代入感；而从第三人称视角出发，则可以更客观、全面地呈现事物，给读者提供更广阔的观察空间。

英语表达视角的多样性反映了作者对事物的不同认知方式和关注点。不同的视角可以满足不同的表达需求和目的。比如，在一篇英语故事中，作者可能会根据情节的需要和想要传达的情感，在不同的段落或情节中切换不同的表达视角，以丰富故事的层次和表现力。而且，多样的表达视角能够激发读者的想象力，使读者从不同的角度去理解和感受文章的内容。读者可以通过不同的视角去审视事物，拓宽自己的思维边界，获得丰富的阅读体验。

要把握英语表达视角的多样性，首先要学会识别不同的视角类型。在阅读英语作品时，注意分析作者是从哪个视角进行叙述或描述的，以及这种视角的转换对文章的意义和效果产生了怎样的影响。其次，可以通过模仿和练习来掌握不同视角的表达技巧。尝试从不同的视角去写作，体会不同视角下语言表达的特点。同时，要注重培养创新思维，敢于尝试新的表达视角，以提升自己的英语表达能力。

（三）如何识别作者的文化立场

识别作者的文化立场需要从多个方面入手。一方面，可以从词汇的运用中寻找线索。作者所选择的词汇往往会反映出他们的文化背景和价值观。例如，某些特定文化中独有的词汇或表达方式的使用，可能暗示着作者的文化立场。另一方面，文章的主题和内容也能提供重要的信息。如果文章的主题涉及特定的文化传统、社会问题或价值观冲突，那么作者在处理这些主题时所表现出的态度和观点，往往能反映出他们的文化立场。

此外，文章的语气和情感倾向也是鉴别文化立场的关键。作者在表达观点时所使用的语气，是客观中立、充满热情还是带有批判色彩，都可能与他们的文化立场相关。例如，对于同一文化现象，持不同立场的作者可能会表现出不同的情感倾向，有的可能是赞美和推崇，有的则可能是质疑和反思。

为了准确识别作者的文化立场，需要广泛阅读不同文化背景的英语作品，积累对不同文化立场的认知经验。同时，要结合文化背景知识进行分析，了解不同文化之间的差异和特点，以便更好地理解作者在作品中所传达的文化立场。在阅读过程中，要保持敏锐的观察力和批判性思维，不要被表面的文字所误导，而是要深入挖掘文字背后的文化内涵和作者的立场、意图。

（四）理解作者文化立场和表达视角的方法与途径

理解作者的文化立场和英语表达视角有多种方法和途径。首先，深入了解作者的个人背景和文化环境是关键，包括作者的国籍、民族、成长经历、教育背景等。这些因素对作者的文化立场和表达视角有着深远的影响。例如，一位在多元文化环境中成长的作者，其作品可能会呈现出更加包容和多元的文化立场和表达视角。

其次，可以通过分析文章的结构和叙事方式来理解。文章的结构安排和叙事顺序往往与作者的表达意图和视角选择密切相关。例如，倒叙、插叙等不同的叙事方式可能反映出作者想要突出的重点和想要传达的情感。同时，要注意文章中的细节描写和象征手法。这些细节往往蕴含着作者的文化立场和情感态度，通过仔细分析这些元素，可以更好地理解作者的意图。

此外，与他人进行交流和讨论也是一种有效的途径。可以与同学、老师或其他英语学习者分享自己对文章的理解和看法，听取他们的意见和观点，从不同的角度去思考和分析作者的文化立场和表达视角。在交流过程中，可以拓宽自己的思维,加深对文章的理解,提高自己的分析能力和批判性思维水平。

三、探讨英语文本中的文化冲突与融合

(一)文化冲突在英语文本中的表现形式

文化冲突在英语文本中有多种表现形式。在价值观方面,不同文化背景下的价值观差异常常引发冲突。例如,一些文化强调个人主义,注重个人的成就和自由,而另一些文化则更强调集体主义,重视集体的利益与和谐。这种价值观的差异在英语文本中可能体现为人物在面对决策或问题时的不同态度和选择。当文本中的人物来自不同文化背景,他们的价值观冲突就可能通过言语和行为表现出来。

在行为规范方面,文化冲突也十分明显。不同文化有着不同的社交礼仪、行为准则和道德标准。比如,在某些文化中,直接表达自己的观点被视为坦诚和自信。而在另一些文化中,过于直接可能被认为是粗鲁和不礼貌。

在语言表达上,文化差异也会导致冲突。不同文化的语言习惯、词汇含义和表达方式有所不同。一些词汇在一种文化中是中性或褒义的,但在另一种文化中可能带有贬义的情感色彩。在英语文本中,这种语言上的差异可能导致误解和沟通障碍,进而引发文化冲突。

不同文化在长期的历史发展和社会演变中形成了各自独特的体系和规范。这些差异是文化多样性的体现,但在跨文化交流的情境下,当不同文化相互接触时,由于人们往往习惯于从自己的文化视角去理解和判断,就容易产生冲突。

(二)文化融合在英语文本中的呈现方式

文化融合在英语文本中有多种呈现方式。词汇的融合是常见的一种。随着不同文化的交流和融合,英语会吸收其他语言的词汇,形成新的表达方式。比如,英语中的"kung fu"(功夫)、"tycoon"(大亨,源自日语)

等词汇，就是文化融合在词汇层面的体现。这些词汇丰富了英语的表达，也反映了不同文化之间的相互影响。

在主题和内容上，文化融合也有所体现。许多英语文本会涉及不同文化之间的交流、互动和融合的主题。例如，一个关于跨国友谊或跨文化合作的故事，可能会展示不同文化背景的人物如何相互理解、尊重和合作，共同克服困难，实现目标。这种主题的文本反映了文化融合的积极一面，强调了不同文化之间相互学习和共同发展的可能性。

在叙事风格和文学手法上，文化融合也可能发生。不同文化的文学传统和叙事方式会相互借鉴和融合。比如，一些英语作品可能会融合东方文学的含蓄和隐喻手法，或者采用多元文化的叙事视角，使作品更具丰富性和层次感。这表明文化融合不仅体现在内容上，也深入到了文学创作的技巧和风格层面。

在全球化的背景下，不同文化之间的交流日益频繁，人们的视野更加开阔，文化融合成为一种趋势。英语作为一种广泛使用的国际语言，其文本也反映了这种文化融合的现象。

（三）文化冲突与融合对英语文本理解的影响

文化冲突与融合对英语文本的理解有着深远的影响。文化冲突可能会给英语文本的理解带来障碍。当读者不了解不同文化之间的差异时，可能会误解文本中人物的行为、言语和动机，无法准确把握文本的主题和意义。例如，如果读者不了解某些文化中特定的礼仪规范或价值观，就可能对文本中人物之间的矛盾和冲突感到困惑。

然而，文化冲突也能促使读者进行更深入的思考和分析。它可以激发读者去探究不同文化之间的差异，培养批判性思维和跨文化理解能力。通过对文化冲突的思考，读者能够更好地理解不同文化的特点，从而提升对英语文本的解读能力。

文化融合则有助于丰富读者对英语文本的理解。它让文本更加多元化和富有活力，为读者提供了更广阔的文化视野。当读者能够理解文本中的文化融合现象时，就能更全面地把握文本的内涵和价值，感受到不同文化相互交融所带来的独特魅力。

此外，文化冲突与融合还能增强英语文本的吸引力和教育意义。它们使文本更贴近现实生活中的跨文化情境，让读者在阅读过程中不仅能够提高语言能力，还能获得跨文化交流的经验和启示。

（四）应对英语文本中文化冲突与融合的策略

为了更好地应对英语文本中的文化冲突与融合，需要采取以下策略：

首先，要加强跨文化知识的学习。了解不同文化的历史、价值观、行为规范和语言特点等，为理解英语文本中的文化元素奠定基础。可以通过阅读文化类书籍、参加文化讲座、观看文化类纪录片等方式来拓宽自己的文化视野。

其次，培养跨文化意识和敏感性。在阅读英语文本时，要时刻保持对文化差异的警觉，学会从不同文化的角度去思考和分析问题。尊重不同文化的独特性，避免以自己的文化标准去评判其他文化。

再次，进行对比分析也是有效的策略。将不同文化进行对比，找出它们之间的相似点和差异点，有助于更好地理解文化冲突与融合的本质。在阅读英语文本时，可以将文本中涉及的文化与自己熟悉的文化进行对比，加深对文化现象的理解。

最后，也可以积极参与跨文化交流活动。与来自不同文化背景的人交流和互动，亲身体验不同文化之间的差异，将理论知识与实践经验相结合，提高应对文化冲突的能力。在交流过程中，可以分享自己的文化，也可以倾听他人的文化，促进相互理解和文化融合。

四、深化对英语文化现象的理解与认知

（一）英语文化现象的多元性及其根源

英语文化现象具有显著的多元性。这种多元性体现在语言表达、风俗习

惯、价值观念、社会结构等多个方面。在语言表达上，英语中有丰富多样的习语、俚语、谚语等，它们的存在反映了不同地区、不同群体的独特文化内涵，有着特定的文化背景和寓意。

在风俗习惯方面，英语国家的节日庆典、社交礼仪等各不相同。像圣诞节、感恩节等节日，都有其独特的庆祝方式和传统习俗。在价值观念上，个人主义与集体主义、自由与秩序等不同价值取向在英语文化中相互交织。在社会结构方面，不同阶层之间的差异和互动也构成了多元的文化现象。

英语文化的形成受到多种因素的影响。历史因素是关键之一，有些英语国家经历了漫长的历史变迁，不同时期的历史事件和社会发展对文化产生了深远的影响。例如英国的殖民历史，使得英语传播到世界各地，同时也吸收了其他地区的文化元素。地理因素也不可忽视，不同的地理环境塑造了不同的生活方式和文化特征。英国的海洋文化、美国的多元地域文化等都与地理因素密切相关。

（二）语言与文化现象的紧密关联

语言与英语文化现象之间存在着极为紧密的关联。语言是文化的载体，也是文化现象的重要表现形式。英语中的词汇、语法、语音等都蕴含着丰富的文化信息。词汇方面，许多英语词汇直接反映了特定的文化事物或概念。比如"castle"（城堡）这个词，它反映了欧洲中世纪的建筑文化和社会结构。

语法结构也能体现文化特征。英语中较为严谨的语法规则和句子结构，在一定程度上反映了英语文化中对逻辑和秩序的重视。语音方面，不同的英语口音和发音方式也与特定的地域文化相关。例如英国的伦敦腔、美国的纽约口音等，都带有浓厚的地域文化色彩。

同时，文化现象也反过来影响着语言的发展和演变。文化的变迁、社会的发展会促使新的词汇、表达方式和语言习惯的产生。随着科技的进步和社会的变化，英语中不断涌现出与新兴事物和概念相关的词汇和表达方式。文化现象还会影响语言的使用场景和交际方式。在不同的文化情境中，人们的语言交流方式和礼仪规范也会有所不同。

（三）理解英语文化现象的重要性

提升对英语文化现象的理解具有至关重要的意义。在语言学习方面，深入理解英语文化现象能够帮助学习者更准确地掌握英语语言。语言与文化相互依存，只有理解了文化背景，才能真正理解语言的含义和用法。例如，一些英语习语和谚语，如果不了解其背后的文化内涵，就很难准确理解和运用。

在跨文化交流中，对英语文化现象的理解是实现有效沟通的基础。不同文化之间存在差异，如果不了解对方的文化现象，很容易产生误解和冲突。只有充分理解英语文化现象，才能在跨文化交流中尊重对方的文化习惯，避免因文化差异而导致的沟通障碍。比如在商务谈判、国际合作等领域，对英语文化现象的理解能够促进合作的顺利进行。

从个人发展的角度来看，提升对英语文化现象的理解可以拓宽个人的视野，丰富个人的知识储备。通过了解英语文化现象，我们可以接触到不同的思维方式、价值观念和生活方式，有助于培养我们的跨文化素养和全球视野，提升个人的综合素质。

（四）深化理解英语文化现象的途径与方法

为了深化对英语文化现象的理解，可以采取多种途径和方法。阅读是一个重要的途径，包括英语文学作品、历史书籍、文化研究著作等。通过阅读，我们可以深入了解英语国家的历史、文化、社会等方面的知识，感受不同文化现象的魅力。例如阅读莎士比亚的作品，可以了解英国文艺复兴时期的文化风貌。

第三节 英语跨文化写作的核心要素

一、确立英语写作目的与锁定目标读者

（一）明确写作目的对英语写作的关键意义

明确写作目的在英语写作中具有关键意义。写作目的决定了文章的整体方向和内容组织。如果没有清晰的写作目的，文章可能会变得混乱无序，缺乏重点和连贯性。例如，在进行英语议论文写作时，写作目的可能是说服读者接受某个观点。如果不清楚这一目的，文章可能会在论述中偏离主题，无法有效地传达论点。

写作目的为文章提供了核心驱动力，它引导着作者选择合适的素材、运用恰当的语言风格和结构。不同的写作目的需要不同的写作策略和技巧。比如，如果写作目的是描述一个事件，那么就需要注重细节描写和时间顺序的安排；如果是为了分析问题，就需要有严谨的逻辑推理和深入的分析。而且，明确的写作目的有助于提高文章的针对性和有效性。只有明确了自己想要通过文章传达什么信息或达到什么效果，才能让读者更好地理解和接受文章的内容。

为了明确写作目的，首先要在写作之前进行深入思考。思考自己为什么要写这篇文章，希望通过文章实现什么目标。可以通过提问的方式来帮助自己确定目的，例如"我是想提供信息，表达观点，讲述故事，还是其他目的？"然后，将写作目的明确地写下来，在写作过程中时刻以此为指导。同时，在写作过程中要不断回顾和审视写作目的，确保文章的内容始终围绕写作目的展开，避免出现偏离写作目的的情况。此外，还可以在完成初稿后，根据写作目的对文章进行检查和修改，确保文章达到了预期的目的。

（二）锁定目标读者在英语写作中的重要性

锁定目标读者在英语写作中至关重要。目标读者决定了文章的语言风格、内容深度和表达方式。如果不考虑目标读者，文章可能会出现语言过于复杂或过于简单、内容不适合读者需求等问题。例如，当为专业领域的读者写作时，如果使用过于基础的语言和简单的内容，可能会让读者觉得文章缺乏深度。

不同的目标读者具有不同的背景知识、兴趣爱好和阅读需求。了解目标读者可以帮助作者更好地满足他们的期望，使文章更具吸引力和影响力。比如，为儿童写作与为成年人写作在语言和内容上就有很大的差异。儿童需要更简单易懂、生动有趣的语言和内容，而成年人更注重文章的逻辑性和深度。而且，锁定目标读者有助于与读者有效沟通。只有了解读者的特点和需求，才能选择合适的方式与他们进行交流，使文章能够真正被读者理解和接受。

为了锁定目标读者，需要进行充分的读者分析。可以考虑读者的年龄、性别、文化背景、教育程度、专业领域等因素。例如，如果目标读者是青少年，那么语言应该更加活泼、贴近他们的生活；如果目标读者是专业人士，文章就需要使用专业术语。同时，要站在读者的角度思考问题，想象他们在阅读文章时的感受和反应。可以通过调研、与潜在读者交流等方式获取更多关于读者的信息，以便更好地满足他们的需求。此外，在写作过程中要不断提醒自己文章的目标读者是谁，根据读者的特点来调整文章的内容和表达方式。

（三）写作目的与目标读者之间的紧密联系

写作目的和目标读者之间存在着紧密的联系。写作目的决定了需要吸引哪些目标读者，而目标读者的特点又会影响写作目的的实现方式。例如，如果写作目的是向学生介绍英语学习方法，那么目标读者就是学生群体，文章的内容和语言就需要根据学生的知识水平和学习需求来设计。

写作目的和目标读者相互依存、相互影响。写作目的为选择目标读者提供了依据，同时目标读者的需求和特点又会对写作目的的达成产生制约和促进作用。如果写作目的不明确，就难以确定合适的目标读者；如果不了解目标读者，写作目的也很难实现。比如，当写作目的是宣传一种新产品时，就需要根据产品的特点和目标市场来确定目标读者，然后根据目标读者的兴趣和需求来撰写文章，以达到宣传的效果。

在英语写作中，要将写作目的和目标读者结合起来考虑。在确定写作目的的同时，就要思考他们有哪些特点和需求，然后根据这些信息来组织文章的内容和结构，选择合适的语言和表达方式。例如，如果写作目的是表达对某个社会问题的看法，而目标读者是普通公众，那么文章就需要用通俗易懂的语言，结合具体的例子来阐述观点，使读者能够理解和接受。同时，在写作过程中要根据目标读者的反馈，及时调整文章内容，以确保文章能够有效地传达信息。

（四）平衡写作目的与目标读者需求的策略

为了平衡写作目的与目标读者需求，需要采取一些有效的策略。首先，要深入了解写作目的和目标读者。对写作目的要有清晰的认识，明确自己想要通过文章传达什么信息或达到什么效果。同时，对目标读者进行全面的分析，包括他们的兴趣、需求、知识水平等方面。只有充分了解这两个方面，才能找到正确的切入点。

其次，在内容选择上要兼顾写作目的和目标读者需求。根据写作目的确定文章的核心内容，同时要确保这些内容能够满足目标读者的兴趣和需求。可以选择一些既与写作目的相关，又对目标读者有吸引力的话题和素材。例如，如果写作目的是介绍环保知识，而目标读者是青少年，那么可以选择一些有趣的环保故事、实例或者环保活动来吸引他们的注意力，以达到传播环保知识的目的。

再次，还可以通过反馈机制来不断优化文章。在写作过程中或者完成初稿后，可以请一些目标读者进行阅读和评价，根据他们的反馈意见来修改文章，以更好地平衡写作目的和目标读者需求。

二、确保逻辑清晰、结构严谨

（一）逻辑连贯对英文文章的必要性

逻辑连贯在英文文章中具有不可或缺的必要性。逻辑连贯确保文章的各个部分紧密相连，形成一个有机的整体。如果文章缺乏逻辑连贯性，读者在阅读过程中会感到困惑和迷茫，难以理解作者想要传达的信息和观点。例如，在一篇论述某一社会现象的英文文章中，如果段落之间的观点跳跃，没有合理的过渡和衔接，读者就很难跟上文章的思路。

连贯的逻辑能引导读者顺利地从文章的开头阅读到结尾，帮助他们建立起清晰的思维路径。在英语写作中，文章的主题、论点、论据以及结论之间存在着内在的逻辑关系。这种关系如同一条无形的线索，将所有的内容串联在一起。只有这样，读者才能准确地把握文章的主旨和要点，避免产生误解。而且，逻辑连贯还能增强文章的说服力。当文章的内容按照合理的逻辑顺序展开，论据能够有力地支持论点，读者就更容易被作者的观点所折服。

为了实现文章的逻辑连贯，首先在构思阶段就要明确文章的主题和核心观点，围绕这些来组织文章的内容。在写作过程中，注意段落之间的过渡和衔接。可以使用一些过渡性的词语和短语，如"however""therefore""in addition"等，来表明不同观点之间的关系。同时，确保每个段落都围绕一个中心思想展开，段落中的句子也要按照一定的逻辑顺序排列，比如从一般到具体、从原因到结果等。此外，在文章的结尾部分，要对前面的内容进行总结和升华，使文章的逻辑结构更加完整。

（二）严谨结构在英文文章中的重要性

严谨的结构对于英文文章至关重要。严谨的结构为文章提供了一个坚实的框架，使文章内容得以有序地呈现。如果文章结构松散混乱，信息就会杂乱无章地堆积在一起，读者很难从中提取出关键的内容。比如一篇没有清晰结构的说明文，可能会让读者在理解事物的特征和功能时感到困难。

严谨的结构有助于作者合理地组织思路和安排素材。在英语写作中，不同类型的文章通常有其特定的结构模式。例如，议论文一般包括引言、论点、论据和结论等部分；记叙文通常按照时间顺序、空间顺序或事情发展的顺序来组织。遵循这些结构模式，可以使文章层次分明，内容条理清晰。而且，严谨的结构能够提升文章的可读性和吸引力。当读者能够轻松地把握文章的结构和脉络时，他们就更愿意继续阅读下去，也更容易理解文章所传达的信息。

为了构建严谨的文章结构，在写作之前要进行详细的规划。确定文章的类型和主题，然后根据主题选择合适的结构模式。例如，写议论文时，要在引言部分引出话题，明确论点；在主体部分用充分的论据来支持论点；在结论部分总结论点，强调文章的主旨。在写作过程中，要注意段落的划分和层次的安排。每个段落都应该有一个明确的主题，不同段落之间要相互呼应，共同服务于文章的整体结构。同时，还可以运用标题、小标题等方式来突出文章的结构层次，使读者一目了然。

（三）如何确保文章逻辑与结构的一致性

确保文章逻辑与结构的一致性是写出优秀英文文章的关键。逻辑与结构的一致性意味着文章的内容按照既定的结构和逻辑顺序展开，没有出现矛盾和冲突。如果逻辑与结构不一致，文章就会给人一种不协调、不完整的感觉。例如，文章的结构是按照时间顺序组织的，但在内容叙述中却出现了时间上的混乱，这就破坏了逻辑与结构的一致性。

逻辑是文章的内在脉络，结构是文章的外在框架，只有两者相互契合，文章才能呈现出整体性和连贯性。当文章的逻辑推动着结构的发展，结构又支撑着逻辑的表达时，读者才能获得良好的阅读体验。而且，逻辑与结构的一致性有助于提高文章的可信度。如果文章在逻辑和结构上存在矛盾，读者就会对文章的内容产生怀疑。

为了确保文章逻辑与结构的一致性，在写作之前要进行充分的思考和规划。明确文章的逻辑主线和结构框架，确保两者相互匹配。在写作过程中，要时刻关注文章的逻辑和结构是否保持一致。当添加新的内容或观点时，要考虑它们是否符合文章的整体逻辑和结构。同时，在修改文章时，要对逻辑和结构进行仔细审查。检查段落之间的过渡是否自然，内容的安排是否合理，逻辑推理是否严密。如果发现文章的逻辑与结构不一致，要及时进行调整和修改，使文章的逻辑和结构达到完美的统一。

（四）克服写作障碍

在写作过程中，难免会遇到一些障碍。语言表达能力不足是一个障碍。如果词汇量有限，语法掌握不熟练，就很难准确地表达自己的观点和思想，从而影响文章的逻辑和结构。例如，因为找不到合适的词汇来表达某个观点，导致文章内容不够精准。

思维混乱也是常见的障碍之一。如果在写作之前没有对文章的主题和内容进行深入的思考，或者缺乏清晰的思维框架，就容易出现文章结构松散、逻辑混乱的情况。此外，缺乏对文章结构和逻辑的认识也会成为障碍。如果不了解不同类型文章的结构特点和逻辑要求，就很难写出符合规范的文章。

为了克服这些障碍，首先要不断提升语言表达能力。通过阅读英语文章、背诵单词、学习语法等方式来扩大词汇量，提高语法水平。同时，在写作过程中要注重语言的准确性和恰当性，避免使用模糊、有歧义的表达。其次，要培养清晰的思维能力。在写作之前，可以通过列提纲、画思维导图等方式来整理思路，明确文章的主题、论点和论据。还可以多进行思维训练，提高逻辑思维和分析问题的能力。此外，要加强对文章结构和逻辑的学习。了解不同类型文章的结构模式和逻辑要求，学习一些构建文章结构和逻辑的方法和技巧，通过不断的实践和反思来提高自己的写作水平。

三、确保信息的准确无误与英语表述的客观性

（一）信息准确在英语表达中的关键地位

信息准确在英语表达中占据着关键的地位。信息准确意味着所传达的内容没有错误、偏差或混淆，完全符合事实或实际情况。如果英语表达中的信息存在错误，可能会导致严重的误解。例如，在商务领域的英语沟通中，合同条款或交易细节的信息不准确可能引发法律纠纷或经济损失；在学术研究的英语论文中，数据或理论的信息错误会影响研究成果的可信度和有效性。

英语作为一种广泛使用的国际交流语言，信息的传递往往要跨越不同的文化、地域和领域。准确的信息能够确保顺畅的沟通，使接收信息的一方能够正确理解。在英语表达中，词汇的选择、语法的运用以及语义的传达都必须精准，以保证信息的准确性。比如，一个单词的拼写错误、一个语法结构的混淆或者一个词义的误解，都可能改变整个句子甚至整个文本的含义。而且，信息的准确性还关系到说话者或作者的信誉和形象。如果经常出现信息错误，会让他人对其语言能力和专业素养产生怀疑。

为了确保英语表达中的信息准确，首先要养成严谨认真的态度。在进行英语表达之前，对所要传达的信息进行仔细的核对，避免草率行事。在选择词汇时，要确保含义和用法符合语境，避免因词汇歧义或误用导致信息错误。对于语法结构，要严格遵循英语语法规则，避免出现语法错误。同时，可以借助各种工具和资源来辅助信息的准确表达，如词典、语法书、在线语言工具等。在完成英语表达后，要进行反复的检查和审核，确保信息没有遗漏或错误。

（二）英语表述客观性的重要意义

英语表述的客观性具有重要的意义。客观性意味着在英语表达中不带有个人的主观偏见、情感倾向或片面观点，以中立、公正的态度呈现信息和观点。如果英语表述缺乏客观性，可能会使信息失去可信度，引发不必要的争

议或误解。例如，在新闻报道或学术研究的英语写作中，主观的表述会影响读者对事件或研究的正确判断。

客观的英语表述能够为读者或听众提供真实、可靠的信息，使他们能够基于这些信息做出自己的分析和决策。在跨文化交流中，客观性尤为重要，不同文化背景的人对于主观观点的接受程度和理解方式可能存在差异，而客观的表述更容易被广泛接受。同时，客观性有助于建立良好的沟通关系。当人们感受到英语表达是客观公正的，会更愿意参与交流和合作，减少因主观因素导致的冲突和矛盾。

要实现英语表述的客观性，需要在表达过程中避免使用过于情绪化或主观化的词汇和语句。尽量采用客观的事实和数据来支持观点，而不是仅凭个人的感受或猜测。在描述事件时，要全面、平衡地呈现不同方面的信息，避免片面强调某一方面。同时，要学会从多个角度去思考和分析问题，以确保英语表述的客观性。在进行评价或判断时，要基于客观的标准和依据，而不是个人的喜好或偏见。

（三）信息准确性与客观性紧密关联

信息准确与英语表述的客观性之间存在着紧密的关联。信息准确是客观性的基础，只有当信息本身是准确无误的，才有可能实现客观的表述。如果信息存在错误或偏差，那么无论如何努力追求客观性，表述也会失去其可信度。例如，如果在一篇英语调查报告中，基础数据存在错误，那么基于这些数据作出的分析和结论必然不正确。

反过来，客观性也有助于保证信息的准确传达。当以客观的态度进行英语表达时，会更加注重信息的核实和验证，避免主观因素对信息的歪曲或篡改。而且，客观的表述方式能够让信息接受者更加理性地对待所传达的信息，减少因主观情感干扰而导致的信息误解。

在英语表达中，要同时兼顾信息的准确性和表述的客观性。在收集和整理信息时，要确保信息来源可靠、数据准确，为客观的表述提供坚实的基础。

在组织和呈现信息时,要以客观的方式进行,不夸大、不缩小、不歪曲事实。例如,在撰写英语科技论文时,要对实验数据反复验证,确保准确性,同时在论述实验结果时,要保持客观中立的态度,不掺杂个人情感。

(四)提升信息准确性与英语表述客观性的策略

为了提升信息的准确性和英语表述的客观性,可以采取一系列策略。在信息收集阶段,要选择权威、可靠的信息来源,如学术期刊、专业数据库、官方机构发布的信息等。对于不确定的信息,要进行多方查证和核实,不盲目采用。在英语表达的构思阶段,要明确表达的目的和受众,根据这些因素来确定合适的表达方式和内容重点,以确保信息能够准确传达给目标受众。

在词汇和语法的运用上,要力求精准。对于专业术语或特定领域的词汇,要确保其使用正确,避免因词汇混淆或误解而导致信息错误。同时,要严格遵循英语语法规则,避免因语法错误而改变句子的含义或造成信息传达的混乱。在表述过程中,要不断进行自我反思和审查,站在信息接受者的角度去思考表达是否准确、客观,是否存在模糊或歧义的地方。

还可以邀请他人对英语表达进行审核和反馈。他人可能会从不同的角度发现信息准确性和客观性方面存在的问题,提供有益的建议和改进方向。此外,要不断学习和提升自己的语言能力和专业素养,丰富知识储备,提高对信息的分析和判断能力,从而更好地确保信息的准确无误和英语表述的客观性。

第六章 英语跨文化商务沟通实务

第一节 英语商务沟通中的文化差异

一、英语商务价值观与文化差异的体现

（一）个人主义价值观与集体主义价值观的对比

在英语商务文化领域，个人主义与集体主义价值观的差异有着明显的体现。个人主义价值观在一些英语国家的商务文化中较为突出。在这种价值观的影响下，商务活动往往更强调个人的成就、能力和利益。例如，在商务谈判中，个人可能更倾向于突出自己的贡献和价值，追求个人目标的最大化。

在这些国家的历史和社会发展过程中，倾向于强调个人的自由、独立和自我实现。在商业环境中，个人的创新能力和主动性被高度重视。这种价值观的形成与他们的教育体系、社会制度以及文化传统密切相关。

集体主义价值观在另一些文化背景下的商务活动中也发挥着重要作用。在集体主义价值观主导的商务情境中，团队的利益和目标通常被置于优先地位。企业更注重员工之间的协作和团队的整体绩效，而不是单纯强调个人的突出表现。

为了在跨文化商务交流中应对这种差异，首先要理解不同价值观背后的文化根源。在与个人主义价值观主导的商务伙伴合作时，要尊重他们对个人成就的追求，同时明确自身的利益和目标。在与秉持集体主义价值观的商务

伙伴交往中，要注重培养团队合作精神，强调共同利益和目标的实现。在沟通中，需要调整自己的表达方式和策略，以适应不同的价值观取向。

（二）时间观念的差异及其影响

时间观念在英语商务领域也存在显著的文化差异。在一些英语国家的商务文化中，时间被视为极其宝贵的资源，有着严格的时间观念。例如，商务会议通常会准时开始和结束，迟到被视为不专业和不尊重他人的行为。

在这些文化中，高效利用时间和遵守时间约定被视为商业成功的关键因素。这种时间观念源于他们的工业化进程较早，社会节奏较快，时间管理的理念深入人心。

而在另一些文化中，时间观念上可能相对较为灵活。在商务活动中，可能会更注重人际关系的建立和维护，对时间的精确性要求相对较低。

这种差异在跨文化商务合作中可能会引发一些问题。例如，一方可能因为另一方的迟到或时间安排的灵活性而产生不满或误解。

为了克服时间观念差异带来的问题，在跨文化商务交往中，需要提前了解对方的时间观念和习惯。如果与时间观念严格的商务伙伴合作，要确保自己严格遵守时间约定，提前做好准备，避免因时间问题而影响合作。如果与时间观念相对灵活的伙伴合作，可以在尊重对方文化的基础上，适当强调时间的重要性，以提高合作效率。同时，在制订商务计划和安排时，要充分考虑到不同文化的时间观念差异，做出合理的调整和安排。

（三）沟通风格的差异

沟通风格在英语商务领域的文化差异也十分显著。在一些英语国家的商务沟通中，直接、坦率的沟通风格较为常见。商务人员通常会直接表达自己的观点和意见，不太会刻意隐藏自己的真实想法。例如，在商务谈判中，会明确地提出自己的要求和条件。

其原因在于这种文化鼓励个人表达和彰显自我，认为直接沟通可以提高效率，避免误解。在这种文化背景下成长起来的商务人员，通常习惯了这种直截了当的沟通方式。

然而，在另一些文化中，间接、含蓄的沟通风格可能更为普遍。商务人员在表达观点时可能会更加委婉，避免过于直接。在商务交流中，可能会更多地运用暗示、隐喻等方式来传达信息。

这种沟通风格的差异在跨文化商务合作中可能会导致误解。直接沟通风格的一方可能会觉得间接沟通的一方不够明确和果断，而间接沟通的一方可能会觉得直接沟通的一方过于强硬和鲁莽。

为了适应不同的沟通风格，在跨文化商务沟通中，要学会观察和理解对方的沟通方式。如果与直接沟通风格的商务伙伴交流，要能够接受他们的直接表达，同时自己也可以适当地直接表达观点，但要注意语气和措辞恰当。如果与间接沟通风格的伙伴合作，要更加耐心地倾听和理解他们的隐含信息，避免急于求成或误解对方的意图。通过不断的沟通和磨合，逐渐找到适合双方的沟通方式。

（四）决策方式的文化差异

决策方式在英语商务文化中也存在着差异。在一些英语国家的商务环境中，决策过程通常较为独立和个人化。商务领导者可能会根据自己的判断和经验迅速做出决策，强调个人的决策能力和权威性。

这是因为在这些文化中，个人的能力和智慧被高度认可，鼓励个人勇于承担决策的责任。同时，市场机制较为成熟，商务决策需要快速响应市场变化。

而在另一些文化中，决策过程可能更加集体化和民主化。在做出重要决策之前，会广泛征求团队成员、利益相关者的意见，经过充分的讨论和协商后再做出决策。

这种决策方式的差异在跨文化商务合作中会带来一些挑战。如果一方习惯于独立决策，可能会觉得集体决策过程过于烦琐和耗时；而另一方如果习惯于集体决策，可能会认为独立决策过于草率和缺乏考虑。

为了应对决策方式的差异,在跨文化商务合作中,需要了解对方的决策文化和习惯。如果与秉持独立决策文化的商务伙伴合作,要尊重他们的决策方式,同时提供清晰、准确的信息和建议,帮助他们做出更明智的决策。如果与秉持集体决策文化的伙伴合作,要积极参与讨论和协商,提供有价值的观点和信息,共同推动决策的制定。在合作过程中,双方可以通过沟通和协调,找到一个平衡的决策方式,既满足合作的需要,又尊重各自的文化差异。

二、国际英语商务沟通风格的比较

(一)直接型沟通风格的特点与影响

直接型沟通风格在国际英语商务沟通中具有显著的特点。直接型沟通风格表现为表达清晰、明确,不拐弯抹角,直截了当地传达信息和观点。在这种沟通风格下,说话者倾向于开门见山地表明自己的意图、需求和期望。例如,在商务谈判中,直接型沟通者会毫不犹豫地提出自己的条件和底线,不会通过过多的铺垫或暗示来传达信息。

一些文化中强调效率和直接性。在快节奏的商业环境中,直接表达可以节省时间,避免不必要的误解和猜测。这种风格有助于迅速推进商务事务,尤其是在时间紧迫、需要快速决策的情况下。而且,直接型沟通风格可以使信息传递更加精准,减少信息在传递过程中的模糊性和歧义。

然而,这种风格也可能带来一些影响。对于不习惯直接型沟通的人来说,可能会觉得这种方式过于强硬或唐突,容易引起误解或冲突。例如,在与更倾向于含蓄沟通的文化背景的人进行商务交流时,过于直接的表达可能会被视为不礼貌或不尊重。在国际商务沟通中,如果不考虑对方的文化背景和沟通习惯,直接型沟通风格可能会导致关系紧张,影响商务合作的顺利进行。

为了更好地运用直接型沟通风格,首先要了解对方的文化背景和沟通偏好。在与不同文化背景的人沟通时,适当调整直接表达的程度和方式。比如,可以在表达直接观点之前,先进行一些适当的铺垫和解释,以缓解直接表达可能带来的冲击。同时，要注意语气和措辞的选择，避免使用过于强硬或冒犯性的语言，确保直接表达的信息能够被对方正确理解和接受。

（二）间接型沟通风格的特征与意义

间接型沟通风格在国际英语商务沟通中呈现出独有的特征。间接型沟通风格通常不会直接陈述核心观点或需求，而是通过暗示、隐喻、迂回的方式来传达信息。在商务交流中，间接型沟通者可能会先谈论一些看似不相关的话题，或者通过故事、例子来引出真正想要表达的内容。例如，在提出商务合作的请求时，可能会先询问对方对某个相关领域的看法，再逐渐引导到合作的话题上。

这是因为在某些文化中，人们更注重人际关系的和谐和维护，避免直接冲突。间接型沟通风格可以给对方留有余地，让对方有时间和空间去思考和回应，减少因直接表达可能带来的尴尬。而且，这种沟通风格可以体现出对对方的尊重，有助于建立良好的人际关系。

在国际商务沟通中，间接型沟通风格具有重要的意义。它可以帮助不同文化背景的人更好地理解和适应彼此的沟通方式。对于来自更倾向于直接沟通文化的人来说，了解和适应间接型沟通风格，可以避免因误解对方的意图而做出不恰当的回应。同时，在一些复杂的商务情境中，间接型沟通可以起到缓冲和调节的作用，使商务谈判更加顺利地进行。

为了有效地运用间接型沟通风格，需要培养敏锐的观察力和理解力。在沟通中，要仔细倾听对方的话语和非语言信息，捕捉其中的隐含意义和暗示。同时，要学会运用恰当的语言和表达方式来传达间接信息，避免过于模糊或难以理解。在与不同文化背景的人合作时，要尊重对方的沟通习惯，根据对方的反应及时调整自己的沟通方式，以确保信息能够准确传达，并且双方能够建立起良好的沟通关系。

（三）高语境与低语境沟通风格的差异

高语境与低语境沟通风格在国际英语商务沟通中存在明显的差异。低语境沟通风格主要依赖明确的语言表达，信息主要通过语言本身来传递。在这种沟通模式下，说话者会尽量把信息清晰、完整地表达出来，较少依赖非语言因素和语境来传达意思。例如，在商务合同的谈判和签订中，低语境沟通者会注重合同条款的明确性和详细性，避免模糊和歧义。

低语境文化通常强调法律和规则的明确性，注重信息的准确传达。这种沟通风格有助于避免误解和纠纷，尤其在涉及法律责任和商业利益的情况下。

高语境沟通风格则更依赖语境、非语言因素以及双方的共同背景知识来传达信息。在商务交流中，高语境沟通者可能会通过语气、表情、肢体语言以及隐含的文化背景来传递重要信息。例如，在商务谈判中，一个微笑、一个眼神或者一个微妙的语气变化都可能蕴含着重要的信息。

高语境文化更注重人际关系和社会背景，人们在长期的共同生活和文化熏陶下，形成了一种对非语言信息和隐含意义的敏锐感知能力。在国际商务沟通中，这种风格可以增强沟通的深度和灵活性，但也可能给不熟悉高语境文化的人带来理解上的困难。

为了应对高语境与低语境沟通风格的差异，在跨文化商务沟通中，需要深入了解不同文化的语境特点。如果与低语境文化背景的人进行商务沟通，要确保语言表达的清晰、准确和完整，尽量避免模糊和隐含的信息。如果与高语境文化背景的人合作，要更加关注非语言信息的传递，注重对语境和文化背景的理解，通过建立良好的人际关系和共同的背景知识来促进沟通。同时，可以通过提问和反馈来确认自己对信息的理解是否准确，避免因语境差异而产生误解。

（四）正式与非正式沟通风格的对比

正式与非正式沟通风格在国际英语商务沟通中有着不同的表现和作用。正式沟通风格在商务场合中通常表现为使用规范、严谨的语言，遵循一定的礼仪和程序。在正式的商务会议、商务报告、商务信函等场合，人们会使用正式的词汇、语法结构和表达方式。例如，在商务报告中，会使用专业术语、客观的数据和严谨的逻辑来阐述观点和分析问题。

正式沟通风格体现了商务活动的专业性和严肃性，有助于树立企业和个人的良好形象，增强信息的可信度和权威性。在涉及重要的商业决策、合同签订、官方沟通时，正式沟通风格是必不可少的。

非正式沟通风格则更加轻松、随意，语言更加口语化、更加简洁。在一些非正式的商务场合，如团队内部的交流、商务社交活动等，人们会使用更加亲切、自然的语言和表达方式。例如，在团队讨论中，可能会使用一些俚语、缩写或幽默的语言来活跃气氛，促进交流。

非正式沟通风格可以增强团队成员之间的亲近感和凝聚力，缓解工作压力，促进信息的自由交流和分享。在一些创新型企业或年轻的创业团队中，非正式沟通风格可能更为常见。

在国际商务沟通中，需要根据不同的场合和目的来选择合适的沟通风格。在正式场合，要严格遵循正式沟通的规范和礼仪，确保信息传达的专业性和准确性。在非正式场合，可以适当运用非正式沟通风格，增强人际关系和团队合作。同时，要注意不同文化对正式和非正式沟通的接受程度和理解差异。有些文化可能更倾向于正式的沟通方式，而有些文化则对非正式沟通更加包容。在跨文化商务沟通中，要尊重对方的文化习惯，灵活调整沟通风格，以实现有效的沟通和合作。

三、英语商务价值观与文化差异的体现

（一）个人主义与集体主义价值观在英语商务语境中的碰撞

在英语商务沟通中，个人主义与集体主义价值观的差异会显著影响交流方式和决策过程。以英语为主要交流语言的西方一些国家，个人主义价值观较为突出，在商务谈判中，英语表达往往强调个人的成就和贡献，例如用英语阐述"Based on my personal achievements and efforts, I believe this proposal is beneficial."（基于我个人的成就和努力，我认为这个提议是有益的）其原因在于这些国家的文化传统和教育体系注重培养个体的独立性和自主性。在英语商务环境下，这种价值观会体现在合同条款的制定和谈判策略中，个人的利益和目标相对更为突出。然而，在其他一些文化中，集体主义价值观占主导，英语表达可能更倾向于强调团队的合作和集体的利益，如"We as a team have made great efforts to achieve this goal."（我们作为一个团队为实现这个目标付出了巨大努力）为了在跨文化英语商务交流中应对这种差异，需要理解不同价值观下的英语表达习惯和思维方式。在与个人主义价值观主导的商务伙伴沟通时，用英语表达观点时要突出个人的能力和价值，但也要注意团队合作的重要性；而与集体主义价值观为主的伙伴交流时，要更多地使用强调团队协作和集体利益的英语词汇和语句。

（二）时间观念差异在英语商务沟通中的呈现

时间观念的差异在英语商务领域表现得尤为明显。在英语国家中，那些具有严格时间观念的文化，在商务会议、谈判等场合，会用准确的英语时间表达来强调准时性，如"The meeting will start at 2 p.m. sharp."（会议将在下午 2 点整开始）

在这些文化中，时间被视为一种宝贵的资源，准时是一种尊重和专业的表现。在英语商务沟通中，遵守时间约定是基本的商务礼仪，而在另一些文化中，时间观念相对灵活，在英语表达中可能会出现"around"（大约）、"approximately"（大概）等模糊词汇，例如"The event will happen around 3 o'clock."（活动大约在 3 点举行）

在跨文化英语商务交往中，为了避免因时间观念差异引发的问题，要学会用恰当的英语表达方式来协调。对于时间观念严格的伙伴，用精准的英语时间词汇沟通；对于时间观念相对灵活的伙伴，在表达时间时可以适当留有余地，但也要强调时间的重要性和大致范围。

（三）沟通风格差异在英语商务表达中的体现

英语商务沟通中的直接与间接沟通风格差异显著。在直接沟通风格的英语文化中，商务人员会直截了当地用英语表达观点，例如"I disagree with this point."（我不同意这一点）这种沟通风格在英语表达上简洁明了，不拖泥带水。

这种沟通风格鼓励直接表达，认为这样可以提高沟通效率，而在间接沟通风格的文化中，在英语表达上可能会更委婉，如"I'm not sure if this is the best approach."（我不确定这是不是最好的方法）通过这种含蓄的方式来传达不同意见。

（四）决策方式差异在英语商务情境中的反映

决策方式的文化差异在英语商务情境中也有所体现。在一些强调个人决策的英语文化中，商务领导者可能会用坚定的英语语句来表达个人的决策，如"I've made the decision, and we'll go ahead with this plan."（我已经做出了决定，我们将按这个计划进行）

个人决策能力在这些文化中被高度认可，而在集体决策文化中，在英语商务讨论中会更多地使用"we need to discuss this as a team"（我们需要作为一个团队来讨论这个问题）等表达，强调集体的参与和意见的综合。在跨文化英语商务合作中，面对不同的决策方式，要理解对方的文化背景和决策习惯。

四、应对英语商务文化差异的策略与原则

（一）培养跨文化意识的重要性与方法

培养跨文化意识在应对英语商务文化差异中具有至关重要的意义。跨文化意识能够使商务人员更好地理解不同文化背景下的行为模式、价值观和沟通方式，从而避免因文化误解而导致的商务冲突和失败。如果缺乏跨文化意

识，在英语商务交流中，可能会因对对方文化背景的不了解而做出不恰当的行为或表达，影响商务合作的顺利进行。

不同的文化有着独特的历史、社会和宗教背景，这些因素塑造了人们不同的思维方式和行为习惯。在英语商务领域，文化差异可能体现在谈判风格、决策过程、时间观念等多个方面。例如，一些英语国家注重个人主义，在商务谈判中可能更强调个人的利益和观点；而另一些文化更强调集体主义，决策往往需要经过集体讨论和协商。

为了培养跨文化意识，首先需要积极主动地学习不同文化的知识。可以通过阅读有关不同国家文化的书籍、文章，参加文化讲座和培训课程等方式来拓宽自己的文化视野。了解不同文化的价值观、礼仪规范、社交习俗等方面的内容，为英语商务交流做好知识储备。其次，要保持开放和包容的心态。在面对不同文化时，避免先入为主，接纳不同文化的差异。在英语商务沟通中，不要轻易对其他文化的行为和观点进行评判，而是要努力理解其背后的文化根源。同时，可以通过与不同文化背景的人进行交流和互动来加深对其他文化的理解。参加国际商务活动、与外国客户或合作伙伴进行日常沟通等都是很好的实践机会。在交流过程中，注意观察对方的行为，倾听他们的观点，不断反思和总结自己在跨文化交流中的经验和教训。

（二）提高英语沟通能力的关键步骤

提高英语沟通能力是应对英语商务文化差异的关键步骤。良好的英语沟通能力不仅包括准确的语言表达，还包括对不同文化背景下沟通方式的理解和运用。如果英语沟通能力不足，可能会导致信息传递不准确、误解甚至沟通中断。尤其在跨文化商务环境中，这种影响会更加明显。

英语作为国际商务交流的主要语言，其在不同文化中的使用习惯和表达方式存在差异。例如，在一些文化中，人们倾向于直接表达自己的观点，而在另一些文化中，人们可能更倾向于委婉和含蓄的表达方式。此外，非语言沟通因素如肢体语言、面部表情、语气等在不同文化中也具有不同的含义。

要提高英语沟通能力，一方面要注重语言知识的积累和提升。包括扩大词汇量、掌握正确的语法结构、提高口语和书面表达的流利度和准确性等。可以通过阅读英语书籍、报纸、杂志，观看英语电影、电视剧，收听英语广播等方式来丰富自己的语言学习环境，同时要积极进行口语和写作练习，不断提高语言输出的能力。另一方面，要了解不同文化背景下的英语沟通特点。学习不同文化中的礼貌用语、禁忌词汇、沟通礼仪等方面的知识。在英语商务沟通中，根据对方的文化背景调整自己的沟通方式和语言表达。例如，与来自注重礼仪的文化背景的人交流时，要使用更加礼貌和正式的语言；与来自较为随意文化背景的人沟通时，可以适当采用更加口语化的表达方式。此外，要注意倾听和反馈。在英语商务交流中，认真倾听对方的表达，理解对方的意图和需求，同时及时给予恰当的反馈，确保信息的有效传递和交流的顺利进行。

（三）相互尊重与信任

相互尊重与信任是应对英语商务文化差异的重要基础。在跨文化商务合作中，如果没有相互尊重和信任，文化差异很容易引发矛盾和冲突，导致合作关系的破裂。只有建立在尊重和信任基础上的商务合作，才能克服文化差异带来的障碍，实现互利共赢。

不同文化都有其自身的价值和尊严，相互尊重是进行有效沟通和合作的前提。信任则是商务合作的基石，在跨文化环境中，由于文化差异的存在，建立信任可能需要更长的时间和更多的努力。例如，在一些文化中，个人的信誉和承诺非常重要，一旦违背承诺，可能会失去对方的信任；而在另一些文化中，更注重长期的合作关系和人际关系的维护。

为了建立相互之间的尊重与信任，首先要尊重对方的文化。在英语商务交流中，避免对其他文化进行贬低或歧视，尊重对方的价值观、信仰、习俗和行为方式。了解并遵循对方文化中的商务礼仪和规范，例如在某些文化中，商务谈判前需要进行一定的社交活动来建立关系，在另一些文化中，商务会议的时间和议程安排有着严格的规定。其次，要保持诚实和守信。在英语商务沟通中，如实传达信息，遵守承诺，不隐瞒或歪曲事实。通过自己的言行赢得对方的信任。同时，可以通过共同的目标和利益来促进相互尊重与信任的建立。在英语商务合作中，明确双方的共同利益和目标，共同努力实现这些目标，在合作过程中逐渐建立起深厚的信任关系。此外，要加强沟通和互动。通过频繁的英语交流和互动，增进彼此之间的了解和信任。可以定期举行商务会议、工作汇报、团队建设活动等，为双方提供更多的沟通和交流机会。

（四）适应与调整的策略与要点

灵活适应与调整是应对英语商务文化差异的有效策略。在跨文化商务环境中，文化差异是客观存在的。商务人员需要根据不同的文化背景和情境，灵活地调整自己的行为和思维方式，以适应不同的商务需求和文化要求。如果过于僵化和固执地坚持自己的文化习惯和行为方式，可能会导致合作的失败。

这是因为不同文化之间的差异可能会导致在商务谈判、决策、管理等方面出现不同的做法和期望。例如，在一些文化中，商务谈判可能比较注重情感和人际关系的建立。而在另一些文化中，可能更注重合同条款和法律规定。在时间观念、决策方式、沟通风格等方面也存在着明显的差异。

要做到灵活适应与调整，首先要保持敏锐的观察力。在英语商务交流中，注意观察对方的行为、语言、表情等方面的细节，了解对方的文化特点和需求。根据观察到的信息，及时调整自己的沟通方式、谈判策略、决策方法等。其次，要具备较强的应变能力。当遇到因文化差异而导致的问题和冲突时，能够迅速做出反应，采取恰当的措施加以解决。例如，当双方在商务谈判中出现意见分歧时，可以尝试采用妥协、让步、寻求第三方协助等方式来解决问题。同时，要不断学习和反思。在跨文化商务合作过程中，要不断学习新的文化知识和商务技能，总结经验教训，提高自己应对文化差异的能力。可以定期对自身的跨文化商务行为进行反思和评估，找出存在的问题，及时进行调整。此外，要建立多元文化的团队合作理念。在跨文化商务环境中，团队成员可能来自不同的文化背景，要鼓励团队成员之间相互学习、相互理解、相互支持，共同应对文化差异带来的挑战。通过团队的力量，实现灵活适应与调整，提高商务合作的效率。

第二节　英语商务谈判技巧与策略

一、谈判前的英语准备与规划

（一）语言知识与技能

在谈判前，提升英语语言知识与技能至关重要。语言知识包括词汇、语法、发音等方面，技能则涵盖听、说、读、写、译等。如果语言知识不足，可能会在理解对方表达或准确传达自己意思时出现障碍。例如，在商务谈判中，若不熟悉特定领域的专业词汇，就难以深入探讨相关业务细节。

谈判往往涉及复杂的商业信息，对语言的准确性和丰富性有较高要求。不同的谈判场景和话题需要相应的词汇储备和语法运用能力。发音的准确性也影响沟通效果，不正确的发音可能导致误解。

为了提升语言知识与技能，首先要扩大词汇量。可以通过阅读英语商业文章、专业书籍，观看英语商业节目等方式积累词汇。尤其要注重学习与谈判主题相关的词汇，如金融、贸易、法律等领域的术语。对于语法，要进行系统复习和巩固，确保句子结构正确、表达清晰。练习发音时，可以模仿英语母语者的发音，利用语音教程或参加口语培训课程。在日常学习中，要多进行听说读写译的综合训练。例如，通过英语写作来提高语法和词汇运用能力，通过听力训练来适应不同口音和语速，通过口语练习来增强表达的流利度和自信。同时，要注重语言的实际运用，在模拟谈判或日常交流中不断检验和提升自己的语言水平。

（二）学习谈判主题知识

在谈判前，深入学习与谈判主题相关的知识是必不可少的。这包括了解行业动态、市场趋势、对方公司背景、产品或服务特点等方面的信息。如果缺乏对谈判主题的充分了解，在谈判过程中可能会处于被动地位，难以做出明智的决策和有力的论证。

谈判的成功不仅仅依赖于语言表达，更需要有扎实的专业知识作为支撑。了解行业动态和市场趋势，可以帮助谈判者把握谈判的大方向，预测可能出现的问题和变化。熟悉对方公司背景，有助于理解对方的立场和需求，找到双方的利益共同点。掌握产品或服务的特点和优势，能够在谈判中更好地展示己方价值，增加谈判的筹码。

要进行有效的知识学习，一方面可以利用互联网资源，搜索相关的行业报告、新闻资讯、学术研究等资料。通过分析这些信息，了解行业的发展现状和未来趋势。另一方面，可以同行业内的专家、同事进行交流和学习，获取他们的经验和见解。同时，要对收集到的信息进行整理和分析，提取关键要点，形成自己的知识体系。在学习过程中，要保持批判性思维，对信息的可靠性和准确性进行评估。例如，对于不同来源的市场数据，要进行对比和验证，确保其真实有效。此外，还可以参加相关的培训课程或研讨会，与同行进行交流和学习，拓宽自己的知识视野。

（三）制定谈判策略

在谈判前，制定合理的谈判策略并能用英语准确表达至关重要。谈判策略涉及目标设定、让步方案、应对各种情况的预案等。如果没有明确的谈判策略，可能会在谈判中迷失方向，轻易做出不合理的让步或错失有利的机会。

谈判是一个相互博弈的过程，需要有清晰的思路和计划。根据谈判的目标和双方的实力对比，制定不同的策略可以更好地掌控谈判的节奏和方向。用英语准确表达谈判策略，能够让对方清楚地了解己方的立场和意图，避免因语言表达不清而产生误解。

在制定谈判策略时，首先要明确自己的底线和期望目标。通过对自身利益和需求的分析，确定哪些是必须坚守的底线，哪些是可以争取的目标，然后，根据对方可能的反应和谈判的形势变化，制定相应的让步方案和应对策略。例如，在价格谈判中，如果对方提出降价要求，可以预先准备好不同幅度的让步方案以及相应的交换条件。在英语表达方面，要将谈判策略转化为清晰、准确的英语语句。可以通过模拟谈判或与同事进行讨论的方式，练习用英语阐述谈判策略。注意语言的简洁明了，避免使用模糊或歧义的词汇。同时，要根据对方的文化背景和语言习惯，适当调整表达方式，确保信息能够被对方准确理解。在谈判过程中，要根据实际情况灵活调整谈判策略和英语表达，保持冷静和理智，以实现最佳的谈判效果。

（四）调整心理状态与建立沟通信心

在谈判前，调整好心理状态并建立英语沟通的信心也非常关键。如果心理状态不稳定，在谈判中可能会出现紧张、焦虑、情绪失控等问题，影响谈判的表现和结果。缺乏英语沟通信心则可能导致表达不流畅、不敢主动发言等情况。

谈判往往伴随着一定的压力和不确定性，良好的心理状态能够帮助谈判者保持冷静和理智，应对各种突发情况，而英语沟通信心则来源于对自身语言能力的认可和对谈判情境的充分准备。在跨文化谈判中，面对不同语言和文化背景的对手，信心显得尤为重要。

为了调整心理状态和建立英语沟通信心，首先要进行充分的自我暗示和心理调节。在谈判前，可以告诉自己已经做好了充分的准备，有能力应对各种挑战。通过深呼吸、放松肌肉等方法缓解紧张情绪。同时，要对谈判的结果保持合理的期望，不要过分追求完美或担心失败。在提升英语沟通信心方面，可以通过不断的英语学习和实践来积累经验。参加英语演讲、辩论等活动，锻炼自己在公众场合用英语表达的能力。在日常交流中，主动与英语母语者或其他英语学习者进行沟通，逐渐克服语言障碍和心理恐惧。此外，还可以进行模拟谈判训练，在模拟情境中不断提高自己的应对能力和信心水平。在实际谈判中，要保持积极的心态，相信自己的能力，以自信的姿态进行英语沟通和谈判。

二、英语商务谈判中的有效沟通技巧

（一）清晰表达与倾听理解

在英语商务谈判中，实现清晰表达与倾听理解的平衡至关重要。清晰表达意味着能够准确、有条理地用英语表达自己的观点、需求和立场。如果表达不清晰，对方可能会误解自己的意图，导致谈判进程受阻或出现偏差。例如，在阐述合同条款的期望时，如果用词模糊或语句结构混乱，对方可能无法准确把握关键信息。

英语作为一种语言，在商务谈判中有其特定的表达方式和词汇用法。清晰的表达需要选择恰当的词汇、运用合适的语法结构以及注意语气和语调的运用。只有这样，才能确保信息的准确传达，让对方明白自己的核心观点。

然而，仅仅注重表达是不够的，倾听理解同样关键。倾听理解是指认真听取对方用英语表达的信息，包括他们的观点、需求和顾虑，并准确理解其背后的含义。如果忽视倾听，可能会错过对方的重要信息或潜在意图，导致做出错误的判断和决策。

为了实现清晰表达与倾听理解的平衡，在表达方面，谈判者需要在谈判前充分准备，明确自己要传达的信息要点。在发言时，语速适中，避免过快或过慢，确保对方能够跟上自己的节奏。同时，运用简洁明了的语句，避免使用过于复杂或生僻的词汇和语法结构。在倾听方面，要给予对方充分的发言机会，保持专注，不随意打断。通过眼神交流、点头等肢体语言表示自己在认真倾听。在对方发言结束后，可以用自己的话简要概括对方的观点，以确认自己的理解是否准确。例如，说 "To my understanding, you mean... Is that correct?"(据我理解,你的意思是……对吗?)。这样既可以确保自己正确理解对方的信息,又能让对方感受到自己的重视。

(二)非语言沟通的重要性与运用

非语言沟通在英语商务谈判中具有重要意义。非语言沟通包括肢体语言、面部表情、眼神交流、空间距离等方面。这些非语言信号能够辅助语言表达,传递丰富的信息,甚至在某些情况下,其影响力可能超过语言本身。例如,一个坚定的眼神可以增强自己观点的可信度,一个微笑可以缓解紧张的谈判气氛。

不同的文化对非语言沟通有不同的理解和解读方式。在英语商务谈判的跨文化环境中,了解并正确运用非语言沟通可以避免因文化差异而产生的误解。比如,在一些文化中,保持直接的眼神交流表示尊重和专注。而在另一些文化中,过于直接的眼神交流可能被视为具有攻击性。

在运用非语言沟通时,肢体语言要自然、得体。保持良好的坐姿或站姿,避免过于懒散或过于僵硬的姿势。面部表情要与谈判的情境和自己的语言表达相匹配,不要出现表情与语言内容不一致的情况。眼神交流要恰当,既不过于游离,也不过于咄咄逼人。同时,要注意空间距离的把握。不同文化对于个人空间的需求不同,过于靠近或过于疏远都可能引起对方的不适。

例如,在与英语国家的谈判者交流时,通常要保持一定的身体距离,避免过于亲密。在谈判过程中,可以通过微笑来表达友好和诚意,但要注意微笑的时机,不要让对方误解为不严肃或不专业。此外,还可以通过手势来强调某些观点或辅助解释,但要注意手势的文化含义,避免使用可能引起误解的手势。

(三)应对冲突与分歧的沟通策略

在英语商务谈判中,不可避免地会遇到冲突与分歧。如果处理不当,这些冲突和分歧可能会升级,导致谈判破裂。例如,在价格谈判、合同条款争议等方面，双方很容易出现不同的意见和立场。

谈判双方往往代表着不同的利益主体，各自有着不同的目标和期望。这些差异在谈判过程中就会表现为冲突和分歧。而且，语言和文化的差异也可能加剧冲突的产生和处理的难度。

为了有效地应对冲突与分歧，首先要保持冷静和理智。避免在情绪激动的情况下做出冲动的决策或说出不恰当的话语。可以通过深呼吸、暂停谈判等方式来调整自己的情绪状态，然后，采用积极的沟通方式，理解对方的立场和观点。可以用英语询问对方的想法和理由，例如"Could you please explain your reasoning behind this?"（你能解释一下你这样做的理由吗？），通过这种方式，展示自己对对方的尊重和对解决问题的诚意。同时，要善于寻找双方的共同利益点。在谈判中，尽管存在分歧，但通常也会有共同的利益和目标。找到这些共同利益点，并以此为基础进行沟通和协商，可以缓解冲突。例如，可以说"We both want this deal to succeed, so let's find a solution that works for both of us."（我们都希望这笔交易成功，所以让我们找到一个对双方都有效的解决方案）。此外，还可以提出妥协和让步的方案，但要确保这些方案是在自己可以接受的范围内。在表达妥协时，要用清晰、明确的英语语句，避免产生歧义。

（四）语言灵活性与适应性的培养

在英语商务谈判中，培养语言的灵活性与适应性是非常必要的。语言的灵活性是指能够根据谈判的情境和对方的反应，灵活地调整自己的语言表达方式和用词。适应性则是指能够适应不同的英语口音、语速以及文化背景下的语言习惯。例如，在面对不同国家或地区的谈判者时，他们的英语发音、用词和表达方式可能会有所不同。

商务谈判的情境是复杂多变的，对方的反应和需求也会不断变化。只有具备语言的灵活性和适应性，才能更好地应对这些变化，确保沟通的顺畅和有效。而且，不同的文化背景会影响人们对语言的理解和使用，适应这些差异可以避免因文化误解而导致的沟通障碍。

在谈判过程中，要根据对方的语言特点和文化背景，适时调整自己的用词和语气。例如，如果对方使用较为正式的英语，自己也应该相应地保持正式的表达方式；如果对方使用较为口语化的英语，可以适当放松自己的语言风格。同时，要多与不同背景的英语使用者进行交流和沟通，提高自己适应不同口音和语速的能力。可以通过参加国际商务活动、与外国客户交流等方式来积累经验。在遇到不理解的词汇或表达方式时，不要害怕询问对方，以确保自己准确理解对方的意思。例如，可以说"Could you please clarify what you mean by this term?"（你能解释一下这个术语的意思吗？）

三、灵活应对谈判中的英语表达冲突与分歧

（一）理解冲突与分歧产生的根源

在谈判中，英语表达的冲突与分歧可能源于多种原因。语言本身的差异是一个重要因素。英语在不同国家和地区可能存在口音、词汇、语法甚至语义理解上的差异。例如，英式英语和美式英语在某些词汇的拼写和发音上就有所不同，这可能在交流中引发误解。此外，文化背景的差异也会导致冲突与分歧。不同文化对于语言的运用、表达方式以及沟通的习惯都存在差异。有些文化倾向于直接表达，而有些文化则更偏向于含蓄委婉。在英语谈判中，如果不了解这些文化差异，就容易产生误解和冲突。

语言和文化是紧密相连的。语言是文化的载体，文化又深刻地影响着语言的使用。不同国家和地区的历史、社会、价值观等因素塑造了各自独特的文化，进而反映在语言表达上。例如，在一些西方国家，人们在商务谈判中可能更注重个人观点的表达和自我利益的维护，而在东方文化中，可能更强调集体利益和和谐关系，这种价值观的差异会在英语表达中体现出来。

为了更好地理解冲突与分歧产生的根源，需要进行全面深入的跨文化学习。可以通过阅读有关不同文化的书籍、文章，参加文化交流活动等方式，

了解不同文化的特点和差异。在学习英语的过程中，不仅要掌握语言知识，还要了解英语国家的文化背景，包括他们的社交礼仪、商务习惯等。同时，要保持开放的心态，尊重不同文化之间的差异，避免以自己的文化标准去评判其他文化的语言表达。

（二）保持冷静与理智的态度

在面对冲突与分歧时，保持冷静与理智的态度至关重要。如果在冲突发生时情绪激动、失去理智，可能会使冲突进一步升级，导致谈判陷入僵局。例如，在激烈的争论中，如果一方开始大声争吵或使用攻击性的语言，另一方很可能会做出同样的反应，从而使局面更加难以控制。

在情绪激动的状态下，人们往往难以清晰地思考和理性地分析问题。在英语谈判中，语言本身可能已经存在一定的障碍，如果再加上情绪的干扰，就更难有效地解决冲突与分歧。而且，冲动的行为和言语可能会破坏双方的关系，影响后续的谈判进程。

为了保持冷静与理智，首先要学会自我控制。在感觉到自己情绪开始激动时，可以进行深呼吸，给自己几秒钟的时间冷静下来。同时，要尽量避免使用带有攻击性或情绪化的语言。即使对方的言辞比较激烈，也要保持克制，用平和、理性的语言进行回应。可以使用一些缓和气氛的语句，如"Let's calm down and talk this through rationally."（让我们冷静下来，理性地讨论这个问题）在谈判过程中，要始终牢记谈判的目标是解决问题、达成共识，而不是争论谁对谁错。可以将注意力集中在问题本身，而不是对方的态度或情绪上。

（三）运用有效的沟通策略

为了灵活应对英语表达的冲突与分歧，需要运用有效的沟通策略。积极倾听是其中一个关键策略。在谈判中，要认真听取对方的观点和意见，不仅要理解对方所说的内容，还要领会对方的情感和意图。通过积极倾听，可以更好地了解对方的立场和需求，为解决冲突与分歧奠定基础。例如，在对方发言时，可以用一些肢体语言或简短的回应表示自己在认真倾听，如点头、微笑或说"I see."（我明白了）"Go on, please."（请继续）等。

清晰表达自己的观点也是非常重要的。在阐述自己的立场和意见时，要尽量做到简洁明了、逻辑清晰。避免使用模糊、歧义的语言，以免引起误解。可以采用分点论述的方式，将自己的观点有条理地表达出来。例如，"First of all, I think... Secondly,... Finally,..."（首先，我认为……其次，……最后，……）

寻求共识也是一种有效的策略。在冲突与分歧中，要努力寻找双方的共同利益点和共同点。通过强调共同目标，可以缓解紧张气氛，促进双方合作解决问题。可以使用一些表达合作意愿的语句，如"We are all working towards the same goal, so let's find a solution that benefits both sides."（我们都在朝着同一个目标努力，所以让我们找到一个对双方都有利的解决方案。）

此外，还可以采用妥协和让步的策略。在一些情况下，适当的妥协和让步可以打破僵局，推动谈判的进展。但在做出妥协和让步时，要确保自己的核心利益不受损害，并且要让对方也做出相应的回应。

（四）提升语言应变能力

在应对谈判中的英语表达冲突与分歧时，提升语言应变能力是必不可少的。语言应变能力包括能够迅速理解对方的语言表达，准确判断其意图，并及时做出恰当的回应。如果语言应变能力不足，可能会在冲突与分歧中陷入被动，无法有效地维护自己的利益。

为了提升语言应变能力，需要不断地进行英语语言学习和实践。可以通过阅读各种英语商务资料、观看英语商务谈判视频等方式，积累丰富的英语表达和应对策略。同时，要积极参与实际的英语谈判活动，在实践中锻炼自己的语言应变能力。

在谈判过程中，要注意语言的灵活性。可以根据不同的情况和对方的反应，调整自己的语言表达方式和用词。例如，当对方提出一个尖锐的问题时，可以先用一些缓冲性的语句来回应，如"That's a good question. Let me think about it for a moment."（这是个好问题。让我思考一下）然后再给出自己的答案。

此外，还可以学习一些常用的英语谈判技巧和话术。例如，学会用委婉的方式拒绝对方的不合理要求，如"I understand your position, but I'm afraid that's not possible under the current circumstances."（我理解你的立场，但恐怕在目前的情况下这是不可能的）或者用肯定的语言来鼓励对方做出让步，如"That's a reasonable suggestion. If you could make a small concession on this point, I think we could reach an agreement quickly."（这是个合理的建议。如果你能在这一点上做出一点让步，我想我们可以很快达成协议。）通过不断地学习和实践，提高自己在英语谈判中的语言应变能力，更好地应对冲突与分歧。

四、达成双赢协议的英语谈判策略与实践

（一）明确共同利益的重要性与方法

明确共同利益在达成双赢协议的英语谈判中具有关键的重要性。共同利益是谈判双方合作的基础和动力源泉。如果在谈判中不能准确识别和明确共同利益，双方可能会陷入零和博弈的思维模式，只关注自身利益的最大化，从而导致谈判陷入僵局或破裂。例如，在商务谈判中，如果双方只盯着价格的高低，而忽略了市场拓展、品牌提升等潜在的共同利益，就很难达成双赢的协议。

谈判不仅仅是利益的分配，更是利益的创造和扩大。只有找到双方的共同利益点，才能激发双方合作的积极性，为达成双赢协议创造条件。不同的谈判方可能在表面上存在利益冲突，但深入分析往往会发现隐藏的共同利益。比如，在一个技术合作谈判中，一方拥有先进的技术，另一方拥有广阔的市场渠道，虽然在技术转让价格和市场份额分配上可能存在分歧，但双方都有

通过合作将技术推向市场并获取更大利益的共同目标。

为了明确共同利益，首先需要进行充分的前期调研和分析。在谈判前，要尽可能了解对方的需求、目标、优势和劣势，以及整个市场环境和行业趋势。通过收集和分析这些信息，找出双方可能存在的共同利益领域。在谈判过程中，要积极与对方沟通交流，通过提问和倾听，引导对方揭示其潜在的利益需求。例如，可以用英语询问对方"What are your key concerns and expectations in this negotiation?"（在这次谈判中，你主要的关注点和期望是什么？）同时，要从更宏观的角度去思考问题，超越单纯的短期利益，关注长期的合作前景以及共同发展。例如，可以探讨双方如何通过合作共同应对市场变化、提升行业竞争力等。在明确共同利益后，要及时表达出来，让对方意识到双方的利益一致性，为后续的谈判奠定基础。

（二）建立信任关系的途径与意义

建立信任关系是达成双赢协议的英语谈判中不可或缺的环节。信任是合作的基石，没有信任，谈判双方很难达成真正意义上的双赢协议。如果双方缺乏信任，在谈判过程中就会相互猜疑、隐瞒信息，导致沟通不畅、误解增多，最终难以达成理想的协议。例如，在涉及重大商业合作的谈判中，如果一方对另一方的诚信度存在疑虑，就可能在合作条款上设置过多的防范措施，影响合作的效率和效果。

信任能够降低交易成本，提高谈判效率，促进信息的共享和合作的深化。在英语谈判中，信任的建立有助于双方更坦诚地交流，减少语言和文化差异带来的障碍。当双方相互信任时，更愿意分享自己的真实想法和需求，共同寻求解决方案。而且，信任是一种相互的情感和心理状态，一旦建立，能够增强双方对合作的信心和承诺。

为了建立信任关系，一方面要保持言行一致。在谈判中，做出的承诺和表态必须要兑现，避免出现言行不一的情况。例如，如果在谈判中承诺提供某些支持或资源，就必须在后续的合作中切实履行。同时，要尊重对方的意见和利益。在英语交流中，认真倾听对方的观点，不轻易否定或贬低对方，表现出对对方的尊重和重视。例如，可以说"I understand your position and I think it's reasonable to some extent."（我理解你的立场，在某种程度上我认为它是合理的。）此外，要展示自己的专业能力和诚信品质。通过准确、专业的英语表达，展示自己对谈判主题的深入理解和掌控能力，让对方相信自己是可靠的合作伙伴。在遇到问题和分歧时，要以诚实和负责的态度去处理，不隐瞒或歪曲事实。例如，可以用英语表达"I'll be honest with you. There are some challenges we need to address together."（我会对你诚实，有一些挑战我们需要一起解决。）

（三）采取有效的妥协与让步策略

在达成双赢协议的英语谈判中，有效的妥协与让步是至关重要的策略。妥协与让步并不意味着放弃自己的利益，而是在坚持核心利益的前提下，通过适当的调整和平衡，满足对方的部分需求，以推动谈判的进展。如果在谈判中一方过于强硬，拒绝做出任何妥协和让步，谈判很可能会陷入僵局。例如，在价格谈判中，如果双方都坚持自己的价格底线，不肯做出让步，交易就很难达成。

谈判是一个相互博弈和相互妥协的过程。通过妥协和让步，可以向对方传递合作的诚意，换取对方的相应回报，最终实现双方利益的平衡。而且，在谈判中，恰当的妥协和让步表达能够展示自己的灵活性和合作意愿，有助于改善谈判气氛。例如，"I'm willing to make some concessions to reach an agreement."（我愿意做出一些让步以达成协议。）

在实施妥协与让步策略时，首先要明确自己的底线和核心利益。在谈判前，要对自己能够承受的最大让步范围有清晰的认识，确保在妥协过程中不会损害自己的根本利益。在做出让步时，要循序渐进，避免一次性做出过大的让步，以免让对方认为还有更多的让步空间。可以分阶段、分步骤地进行妥协，同时观察对方的反应和回应。例如，先用英语表达"I can make a small concession on this point, but I hope you can also show your sincerity."（在这一点上我可以做出一点让步，但我希望你也能表现出你的诚意）在要求对方做出相应的让步时，要运用恰当的语言技巧，明确表达自己的期望和理由。例如，可以说"If I make this concession, I expect you to consider... in return."（如果我做出这个让步，我希望你作为回报考虑……）此外，要将妥协与让步与其他谈判策略相结合，如交换条件、寻求共同利益等，以实现利益的最大化。

（四）清晰准确的协议表述与确认

在达成双赢协议后，清晰准确的协议表述与确认是确保谈判成果得以落实的关键。如果协议的表达模糊不清或存在歧义，在后续的执行过程中可能会引发争议和纠纷，破坏双赢的局面。例如，在合同条款的表述中，如果用词不准确或条款不完整，可能会导致双方对协议的理解出现偏差。

英语作为谈判的语言，其表达的准确性和清晰度直接影响协议的质量和执行效果。不同的词汇、语法结构和表述方式可能会传递出不同的含义和法律后果。而且，在跨国商务谈判中，由于文化和法律体系的差异，对协议的理解和解释可能存在差异，因此更需要确保协议表达的精准性。

为了实现清晰准确的协议表述与确认，在起草协议时，要使用规范、专业的英语词汇和语法结构。避免使用模糊、含混的词汇和语句，对关键条款和数字要进行明确的界定。例如，在涉及金额、时间、质量标准等方面，要用具体、准确的数字和单位进行表述。在协议完成后，要与对方进行反复的确认。可以用英语询问对方"Do you have any questions or concerns about the agreement?"（你对协议有任何疑问或担忧吗？）"Is the agreement clear and acceptable to you?"（协议对你来说是否清晰可接受？）等确保双方对协议的内容和含义有一致的理解。在确认过程中，要认真听取对方的意见和建议，对可能存在的问题及时进行修正和完善。同时，要将协议以书面形式保存，并按照法律程序和要求进行签署和备案，以增强协议的法律效力和约束力。

第三节　跨文化英语团队建设与管理

一、英语团队文化的融合与塑造

（一）语言沟通在团队文化融合中发挥着关键作用

语言沟通在英语团队文化的融合与塑造中起着关键的作用。语言是人们交流思想、传递信息、表达情感的重要工具，在团队中尤其如此。在英语团队中，英语作为交流的主要语言，其沟通的顺畅与否直接影响着团队成员之间的合作和团队文化的形成。如果团队成员之间的英语沟通存在障碍，可能会导致信息传递不准确、误解频繁发生，进而影响团队的工作效率和凝聚力。

英语作为一种国际通用语言，不同的团队成员可能来自不同的文化背景，他们对英语的理解和运用可能存在差异。例如，一些成员可能习惯使用英式英语，而另一些可能更熟悉美式英语；一些成员可能在表达上比较直接，而另一些可能更倾向于委婉。这些差异可能会在沟通中引发误解和冲突。

为了充分发挥语言沟通在团队文化融合中的作用，首先，团队成员需要不断提升自己的英语水平。可以通过参加英语培训课程、阅读英语书籍和文章、观看英语影视作品等方式来扩大词汇量、提高语法准确性和口语流利度。其次，要注重培养跨文化沟通能力。了解不同文化背景下的语言习惯和沟通方式，尊重并适应这些差异。在沟通中，注意倾听对方的观点，避免先入为主的判断。其次，要积极营造开放、包容的团队沟通氛围。鼓励团队成员大胆表达自己的想法和意见，即使出现语言错误也不要过分指责，而是以积极的态度给予纠正和指导。

（二）价值观差异对团队文化融合的潜在影响

价值观差异在英语团队文化的融合与塑造中具有深远的影响。价值观是人们对事物的重要性和是非善恶的判断标准，它深刻地影响着人们的行为和决策。在英语团队中，由于成员可能来自不同的国家和地区，他们所秉持的价值观可能存在较大差异。例如，一些文化强调个人主义，注重个人成就和自我实现；而另一些文化则更强调集体主义，重视团队的利益和集体的荣誉。

这种差异的存在会对团队文化的融合带来挑战。不同的价值观会导致团队成员在工作态度、目标追求、合作方式等方面存在分歧。比如，在个人主义价值观占主导的成员看来，个人的创新和自我表现至关重要；而在集体主义价值观占主导的成员眼中，团队的协作和整体利益更为关键。

为了应对价值观差异带来的影响，团队管理者需要引导团队成员进行价值观的交流和理解。可以组织专门的团队建设活动，让成员分享自己的文化背景和价值观，促进相互之间的了解和尊重。在团队决策过程中，要充分考虑不同价值观的影响，寻求一个平衡点，使团队的决策既能够满足个人的合理需求，又能够符合团队的整体利益。同时，要通过制定明确的团队目标和行为准则，将不同的价值观引导到共同的工作方向上来。在日常工作中，及时发现并解决因价值观差异引发的矛盾和冲突，通过沟通和协商找到双方都能接受的解决方案。

（三）团队协作模式与英语团队文化的相互关系

团队协作模式与英语团队文化之间存在着紧密的相互关系。团队协作模式是指团队成员在完成工作任务时所采用的合作方式和工作流程。不同的团队协作模式会塑造出不同的团队文化，而团队文化又会反过来影响团队协作模式的选择和实施。在英语团队中，团队协作模式的选择和运用对于团队文化的融合与塑造至关重要。

如果团队协作模式不合理，可能会阻碍团队文化的发展。例如，过于僵化的协作模式可能会限制团队成员的创造力和主动性，导致团队氛围沉闷；而过于松散的协作模式则可能会使团队缺乏凝聚力和执行力，影响工作效率。

为了建立良好的团队协作模式，促进英语团队文化的融合与塑造，首先，团队需要根据工作任务的特点和成员的能力特长来选择合适的协作模式。例如，对于创新性较强的项目，可以采用灵活的小组合作模式，鼓励成员之间的头脑风暴和思想碰撞；对于需要高度协调和执行力的任务，可以采用层级分明的协作模式，明确各成员的职责和分工。其次，要不断优化团队协作流程。定期对协作过程中出现的问题进行总结和反思，及时调整不合理的环节和步骤，提高协作效率。同时，要注重培养团队成员的协作意识和团队精神。通过开展团队培训和拓展活动，增强成员之间的信任和默契，使团队成员能够在协作中相互支持、相互配合，共同为实现团队目标而努力。

（四）文化适应与英语团队文化的构建

文化适应在英语团队文化的构建中起着至关重要的作用。文化适应是指个体或群体在新的文化环境中调整自己的行为、态度和价值观，以适应新文化环境的过程。在英语团队中，成员来自不同的文化背景。他们需要在团队中进行文化适应，才能构建起和谐、包容的团队文化。

如果团队成员不能很好地适应文化，可能会出现文化冲突和不和谐的现象。例如，一些成员可能会因为不了解其他文化的礼仪和习俗而做出不恰当的行为，引发他人的反感；或者因为对其他文化的价值观不认同而产生抵触情绪，影响团队的合作氛围。

为了促进文化适应，团队管理者和成员都需要做出努力。管理者可以组织文化培训活动，向团队成员介绍不同文化的特点和差异，帮助成员了解和尊重其他文化。同时，要在团队中树立文化包容的理念，鼓励成员分享自己的文化，促进文化之间的交流和融合。对于团队成员来说，要保持开放的心态，主动学习和了解其他文化，积极调整自己的行为和思维方式，以适应团队的多元文化环境。在日常工作和生活中，要注意观察和学习其他成员的文化习惯，避免因文化差异而产生误解和冲突。此外，团队还可以通过举办文化活动，如国际美食节、文化展览等，增强成员之间的文化交流和互动，营造浓厚的多元文化氛围，推动英语团队文化的构建。

二、多元化团队成员的英语沟通管理

（一）克服语言障碍对有效沟通的关键意义

克服语言障碍在多元化团队成员的英语沟通管理中具有关键意义。语言障碍可能导致信息传递不准确、不完整，甚至完全误解。在一个多元化的团队中，成员可能来自不同的国家和地区，英语水平和语言习惯存在差异。例如，有些成员可能对英语语法和词汇的掌握不够熟练，在表达复杂的想法时会出现困难；而另一些成员可能带有浓厚的地方口音，使得其他成员难以理解。

语言是沟通的基础，良好的语言能力能够确保信息的准确传达。如果存在语言障碍，团队成员之间可能无法充分理解彼此的观点和意图，这会影响工作的协调与合作。在团队决策、问题解决和项目推进等方面，语言障碍可能导致沟通效率低下，延误工作进度。

为了克服语言障碍，首先，团队可以组织英语培训课程。这些课程可以根据成员的不同水平进行分层教学，包括基础语法、词汇扩充、口语表达等方面的培训。同时，鼓励成员在日常工作中积极使用英语交流，提高语言的实际应用能力。其次，建立语言互助机制。英语水平较高的成员可以帮助英语水平较低的成员，通过互相交流、纠正错误等方式，共同提升英语水平。在团队沟通中，可以采用简洁明了的语言表达，避免使用过于复杂或生僻的词汇和句子结构。对于重要的信息，可以通过多种方式进行传达，如书面文档、口头解释、图表展示等，以确保所有成员都能准确理解。

（二）理解文化差异对英语沟通的潜在影响

理解文化差异对多元化团队成员的英语沟通具有潜在的深远影响。文化差异会在语言的使用、沟通的方式和对信息的理解等方面表现出来。不同的文化背景赋予了英语不同的含义和使用习惯。例如，在一些文化中，人们习惯直接表达自己的观点。而在另一些文化中，人们更倾向于委婉含蓄的表达方式。

这种文化差异存在的原因是不同文化的历史、价值观、社会规范等因素的长期积淀。在英语沟通中，如果不理解这些文化差异，可能会引发误解和冲突。比如，在一个项目讨论中，直接表达观点的成员可能会被认为过于强硬，而委婉表达的成员可能会被认为不够明确。

为了应对文化差异对英语沟通的影响，团队成员需要加强对不同文化的学习和了解。可以通过阅读相关书籍、参加文化讲座、与不同文化背景的人交流等方式，深入了解其他文化的特点和沟通习惯。在沟通中，要保持开放的心态，尊重不同文化的差异，避免以自己的文化标准去评判他人的沟通方式。当遇到因文化差异导致的沟通问题时，要及时进行沟通和解释，消除误解。同时，团队可以制定一些沟通规范，明确在英语沟通中需要注意的文化差异问题，引导成员相互适应和理解。

（三）建立有效的沟通渠道与反馈机制

在多元化团队成员的英语沟通管理中，建立有效的沟通渠道和反馈机制至关重要。如果沟通渠道不畅通，信息可能无法及时、准确地传递给所有成员，导致信息滞后或遗漏。反馈机制的缺失会使成员无法得知自己的信息是否被正确理解，也无法根据他人的反馈来调整自己的沟通方式。

多元化团队成员之间的沟通需求复杂多样，需要多种沟通渠道来满足不同的沟通场景。例如，正式的会议、邮件沟通适用于传达重要的工作信息和决策；而即时通讯工具、小组讨论则更适合快速解决问题和交流想法。反馈机制则能够促进沟通的双向性，确保信息的准确传递和理解。

为了建立有效的沟通渠道和反馈机制，团队可以利用多种沟通工具。除了传统的面对面会议和邮件沟通，还可以使用在线协作平台、即时通讯软件等。在沟通渠道的使用上，要明确不同渠道的适用范围和沟通规则，确保信息的有序传递。对于反馈机制，要鼓励成员积极提供反馈，无论是对信息的理解、对他人观点的看法，还是对沟通方式的建议。在收到反馈后，要及时进行分析和处理，根据反馈调整沟通策略和方式。同时，定期对沟通渠道和反馈机制的效果进行评估和改进，以适应团队的发展和变化。

（四）提升团队成员的跨文化沟通能力

提升团队成员的跨文化沟通能力对于多元化团队的英语沟通管理至关重要。跨文化沟通能力包括对不同文化的敏感度、适应能力和沟通技巧。如果团队成员缺乏跨文化沟通能力，在与不同文化背景的成员交流时，可能会出现沟通障碍、误解甚至冲突。

在多元化团队中，成员来自不同的文化，他们的思维方式、行为习惯和沟通风格都存在差异。例如，在一些文化中，人们在沟通时注重细节和准确性，而在另一些文化中，人们更关注整体和大局。这些差异如果不被理解和适应，就会影响沟通效果。

为了提升团队成员的跨文化沟通能力，首先，要开展跨文化培训。培训内容可以包括不同文化的特点、价值观、沟通方式等方面的知识，以及跨文化沟通的技巧和策略。通过培训，让成员了解不同文化之间的差异，提高对文化差异的敏感度。其次，要鼓励成员积极参与跨文化交流活动。可以组织文化分享会、国际交流活动等，让成员在实践中体验和学习不同文化，增强适应不同文化的能力。在日常工作中，要引导成员学会换位思考，从对方的文化角度去理解和分析问题，避免因文化偏见而导致的沟通问题。同时，要培养成员的沟通灵活性，能够根据不同的文化背景和沟通对象调整自己的沟通方式和策略，以实现有效的跨文化沟通。

三、促进跨文化英语沟通与协作

（一）建立共同的语言规范和沟通准则

在促进跨文化英语沟通与协作的过程中，建立共同的语言规范和沟通准则至关重要。由于不同文化背景的团队成员在英语的使用习惯、词汇理解、语法运用等方面存在差异，如果没有统一的语言规范和沟通准则，可能会导致信息传递不准确、误解频繁发生。例如，某些词汇在不同国家的英语中有不同的含义或用法，像"biscuit"在英国通常指饼干，而在美国可能还包括小面包等其他食品。

英语在全球范围内存在多种变体和地域差异，加上各种文化因素的影响，使得人们对英语的理解和运用存在多样性。不同的教育背景和语言环境也会导致团队成员在英语表达上的差异。为了确保有效的沟通，必须建立共同的语言规范。

为了建立共同的语言规范和沟通准则，首先，团队可以制定一套明确的英语词汇和语法使用指南，规定一些常用词汇的统一含义和用法、以及语法结构的规范。例如，明确某些专业术语在团队内的特定含义，避免因词汇歧义而产生误解。其次，确定沟通的礼仪和礼貌用语规范。在跨文化沟通中，礼貌的表达方式可能因文化而异，因此需要明确一些通用的礼貌用语和行为准则，比如如何开始和结束对话、如何表达感谢和歉意等。同时，开展语言规范和沟通准则的培训，让团队成员充分了解并遵守这些规范，定期对成员的语言运用进行评估和反馈，及时纠正不符合规范的表达。

（二）利用多种沟通渠道和工具

在跨文化英语沟通与协作中，充分利用多种沟通渠道和工具是非常必要的。不同的沟通渠道和工具具有不同的特点和适用场景，能够满足团队成员在不同情况下的沟通需求。如果仅仅依赖单一的沟通方式，可能会受到时间、空间、信息传递效果等方面的限制。例如，电子邮件适合传递正式的文件和信息，但对于即时的讨论和反馈而言可能不够高效；而即时通讯工具则可以实现实时沟通，但可能不太适合传达复杂的、长篇幅的内容。

跨文化团队的成员可能分布在不同的地区和时区，工作方式和沟通习惯也存在差异。多种沟通渠道和工具的结合使用可以提高沟通的灵活性和效率，适应不同的工作场景和团队成员的需求。

为了有效地利用多种沟通渠道和工具，团队可以根据不同的沟通目的和情境选择合适的方式。对于重要的决策和文件传达，可以使用电子邮件确保信息的准确性和可追溯性；对于紧急的问题讨论和协作，可以使用即时通讯工具或视频会议实现实时沟通；对于复杂的项目规划和头脑风暴，可以组织面对面的会议或在线协作平台进行互动。同时，要对团队成员进行各种沟通工具的培训和指导，确保他们能够熟练使用。定期评估不同沟通工具的使用效果，根据实际情况进行调整优化。

（三）构建开放包容的团队氛围

构建开放包容的团队氛围对于促进跨文化英语沟通与协作起着关键的作用。如果团队氛围不够开放包容，成员可能会因为担心犯错、被批评或文化差异带来的压力而不敢充分表达自己的观点和想法，从而影响沟通的效果和协作的质量。例如，在一个缺乏包容的团队中，成员可能会因为害怕语言表达不流利或文化习惯不同而选择保持沉默，导致信息交流不充分。

跨文化团队本身就存在着文化差异和语言障碍，成员可能会面临各种挑战和不适应。一个开放包容的团队氛围可以让成员感到安全和舒适，更愿意积极参与沟通和协作。

为了构建开放包容的团队氛围，团队管理者要发挥示范作用，带头尊重和接纳不同的文化和观点，鼓励成员自由表达。建立鼓励反馈和分享的机制，让成员能够及时分享自己的经验和感受，同时也能够接受他人的反馈和建议。在团队中倡导相互学习和支持的文化，鼓励成员互相帮助，共同提高英语沟通和跨文化协作能力。当出现文化冲突或沟通问题时，要及时进行调解和处理，引导成员以理性和包容的态度解决问题，避免矛盾的升级。通过组织团队建设活动，增进成员之间的了解和信任，增强团队的凝聚力和归属感。

四、提升英语团队绩效与创新能力

（一）优化英语沟通效率

优化英语沟通效率在提升英语团队绩效方面起着关键的作用。高效的英语沟通能够确保信息在团队成员之间准确、快速的传递，避免因沟通不畅导致的误解、重复工作或决策延误。如果英语沟通效率低下，成员之间可能无法清晰地理解彼此的意图和需求，这将直接影响团队任务的执行和完成。例如，在项目讨论中，如果成员因为英语表达不准确或理解偏差，可能会导致对任务目标和步骤的混淆，进而影响项目进度。

英语作为团队的主要沟通语言，不同成员的英语水平和沟通习惯存在差异。一些成员可能在词汇量、语法掌握或口语表达上存在不足，导致信息传达不够精准，而另一些成员可能因文化背景不同，对英语的理解和运用方式存在差异。此外，在快节奏的工作环境中，及时有效的沟通对于迅速做出决策、协调行动至关重要。

为了优化英语沟通效率，首先，团队可以开展定期的英语培训课程，提升成员的整体英语水平，尤其注重口语和听力训练，以增强实际沟通能力。培训可以根据成员的不同水平进行分层，针对薄弱环节进行重点强化。其次，建立明确的沟通规范和流程。例如，规定在沟通中尽量使用简洁明了的语言，避免使用过于复杂或模糊的表达；在重要信息传达时，可以采用书面确认的方式，确保信息准确无误。同时，鼓励成员积极反馈沟通中遇到的问题，及时进行调整和改进。在团队内部营造积极的沟通氛围，让成员敢于表达自己的想法和意见，即使出现语言错误也不会受到指责，而是得到帮助和纠正。

（二）培养团队成员的协作精神

培养团队成员的英语协作精神对于提升英语团队绩效至关重要。协作精神意味着成员能够相互支持、相互配合，共同为实现团队目标而努力。在英语团队中，良好的协作精神能够促进成员之间的英语沟通和合作，提高工作效率和质量。如果缺乏协作精神，成员之间可能会出现各自为政、相互推诿或竞争过度的情况，影响团队的整体绩效。

团队成员来自不同的背景和专业领域，在英语沟通和协作方面可能存在不同的习惯和方式。而且，在工作中会面临各种复杂的任务和挑战，需要成员之间密切合作、相互信任。例如，在一个跨国项目中，不同国家的成员需要用英语协同工作，如果没有协作精神，可能会因为文化差异和沟通障碍而导致项目失败。

为了培养团队成员的英语协作精神，团队管理者可以组织各种团队建设活动，通过活动让成员增进彼此的了解和信任，提高团队凝聚力。例如，开展英语主题的团队拓展活动，让成员在轻松愉快的氛围中用英语交流和合作。在工作分配上，注重成员之间的互补性，根据成员的英语能力和专业技能合理搭配，让成员在合作中相互学习、共同进步。同时，建立有效的激励机制，对在英语协作方面表现突出的成员给予奖励和认可，激发成员的积极性和主动性。在团队中树立协作榜样，通过表彰优秀协作案例，引导成员向榜样学习，形成良好的协作风气。

（三）激发团队的创新思维

激发英语团队的创新思维对于提升团队的创新能力具有重要意义。创新思维能够帮助团队在面对复杂问题和挑战时，提出新颖的解决方案和创意，为团队带来新的发展机遇和竞争优势。在英语团队中，不同文化背景的成员能够带来多元的视角和思维方式，为创新提供丰富的土壤。然而，如果团队缺乏创新氛围和激励机制，成员的创新思维可能会受到抑制。

传统的工作模式和思维定式可能会束缚成员的创新能力。在一些团队中，可能存在过于强调规范和秩序，而忽视创新和突破的情况。而且，成员可能因为担心失败或受到批评而不敢尝试新的想法和方法。此外，不同文化之间的碰撞和融合也可能会产生一些误解或冲突，影响创新的开展。

为了激发英语团队的创新思维，首先，团队可以营造鼓励创新的文化氛围。管理者要对成员的新想法和尝试给予充分的支持和鼓励，即使这些想法可能存在一定的风险或不确定性。建立开放的沟通渠道，让成员能够自由地分享自己的创意和见解。其次，开展创新培训和头脑风暴活动。通过培训提升成员的创新意识和创新能力，在头脑风暴活动中，鼓励成员用英语大胆提出各种奇思妙想，不进行批评和消极的评判，充分激发成员的创造力。再次，为成员提供创新所需的资源和支持，包括时间、资金、技术等方面，让成员能够将创新想法转化为实际的成果。

（四）建立有效的绩效评估体系

建立有效的英语绩效评估体系对于提升英语团队绩效和创新能力具有关键作用。绩效评估体系能够为团队成员提供明确的工作目标和标准，帮助他们了解自己的工作表现，发现存在的问题和不足，同时也为团队的管理和决策提供依据。如果没有科学合理的绩效评估体系，成员可能会缺乏工作动力和方向，团队的整体绩效也难以得到有效提升。

绩效评估体系能够客观地反映成员的工作成果和贡献，激励成员积极工作，提高工作质量和效率。在英语团队中，由于语言和文化的差异，绩效评估需要更加全面和细致，既要考虑工作任务的完成情况，也要考虑英语沟通能力、协作精神和创新能力等方面的因素。

为了建立有效的英语绩效评估体系，首先，要确定明确的评估指标和标准。这些指标可以包括工作任务的完成质量和进度、英语沟通的准确性和流利度、团队协作的表现、创新成果的贡献等方面。指标和标准要具体、可衡量，并且与团队的目标和战略相一致。其次，采用多元化的评估方法。可以结合自我评价、同事评价、上级评价等多种方式，确保评估结果的全面性和客观性。定期进行绩效评估和反馈，让成员及时了解自己的工作表现，针对存在的问题提出改进建议和措施。再次，将绩效评估结果与激励机制相结合，对表现优秀的成员给予奖励和晋升机会，对表现不佳的成员进行辅导和培训，以提高整个团队的绩效水平。

参考文献

[1] 熊文熙, 范俊玲, 肖玲. 大学英语教学与跨文化交际能力培养研究 [M]. 北京: 华文出版社, 2021.

[2] 李晓丽. 当代英语教学与跨文化传播 [M]. 长春: 吉林出版集团股份有限公司, 2022.

[3] 朱慧阳. 英语教学与跨文化交际研究 [M]. 长春: 吉林出版集团股份有限公司, 2021.

[4] 马冷冷. 多元文化背景下英语教学与跨文化交际研究 [M]. 北京: 中国商业出版社, 2023.

[5] 李成洪. 英语教学与跨文化传播 [M]. 沈阳: 东北大学出版社, 2013.

[6] 杨艳敏. 英语教学与跨文化交际研究 [M]. 长春: 吉林人民出版社, 2020.

[7] 孙茂华, 韩霞. 英语教学与跨文化交际能力培养 [M]. 沈阳: 辽海出版社, 2020.

[8] 冶慧颖, 常瑞瑞, 王婷. 英语教学与跨文化交际研究 [M]. 延吉: 延边大学出版社, 2019.

[9] 汪玥月. 英语教学与跨文化交际 [M]. 长春: 吉林大学出版社, 2016.

[10] 梁素文. 英语教学中的跨文化教育研究 [M]. 郑州: 郑州大学出版社, 2019.

[11] 李莉文. 大学英语教学与跨文化能力培养研究 [M]. 北京: 外国语教学与研究出版社, 2017.

[12] 唐旻丽, 崔国东, 盛园. 跨文化视角下的英语教学理论与方法探究

[M].长春：吉林人民出版社，2020.

[13] 贾芳，王禄芳，刘静.跨文化视域下的大学英语教学探究[M].长春：吉林人民出版社，2022.

[14] 周榕，刘敏，王韵青.英语跨文化教育教学研究[M].长春：吉林人民出版社，2020.

[15] 李清.高校英语跨文化教学研究[M].长春：吉林人民出版社，2020.

[16] 曲琳琳.跨文化视野下英语教学研究[M].天津：天津科学技术出版社，2020.

[17] 陶晓莉.大学英语跨文化教学实践探索研究[M].北京：华文出版社，2021.